W0031135

Martin Kamphuis
Ich war Buddhist

Martin Kamphuis
(mit dem Support von Elke Kamphuis)

Ich war Buddhist

Das Ende einer Pilgerreise

Brunnen Verlag · Basel und Gießen
Pattloch Verlag, München

Die Deutsche Bibliothek – CIP-Einheitsaufnahme

Kamphuis, Martin:
Ich war Buddhist : das Ende einer Pilgerreise / Martin Kamphuis. –
Basel : Brunnen; München : Pattloch, 2000
ISBN 3-7655-5863-X
ISBN 3-629-00853-4

6. Auflage 2006

Umschlaggestaltung: Hempel / Lankau, München
Umschlagfoto: Bavaria Bildagentur, Gauting
Satz: Bertschi & Messmer, Basel
Sämtliche Fotos im Innenteil: © by Martin und Elke Kamphuis, Breitscheid
Druck und Bindung: fgb · freiburger graphische betriebe
Printed in Germany

ISBN 3-7655-5863-X (Brunnen Verlag Basel und Gießen
ISBN 3-629-00853-4 (Pattloch Verlag GmbH & Co. KG, München)

Inhalt

Prolog

Die Sehnsucht meiner Pilgerreise

Ein einziger Blick dieses Mannes

Eines Tages besuchten wir eine Konferenz in London, auf welcher der Dalai Lama unterrichtete. Ich war gespannt auf diese erste Begegnung mit ihm. Im nordindischen Dharmsala hatte ich ihn damals noch nicht zu sehen bekommen. Jetzt war es so weit.

Seine Unterrichtsstunden, abgehalten vor etwa fünfhundert Nachfolgern, waren allerdings äußerst anspruchsvoll. Weil ich von seinen hochphilosophischen Reden nahezu nichts verstand, machte sich ein Gefühl der Frustration in mir breit. Mit den vielen anderen hoffte ich deshalb sehnlichst, wenigstens einen einzigen Blick dieses Mannes geschenkt zu bekommen, der als eine Inkarnation von Avalokiteshvara gilt, dem Buddha des Mitgefühls.

Neben dem Unterricht sprach der Dalai Lama noch in öffentlichen Veranstaltungen, unter anderem in der Westminster Abbey und in einem großen Theater. So pilgerten wir an solchen Tagen zusammen mit einer bunt gekleideten Schar von «Fans» zu den entsprechenden Gebäuden. Während einer dieser öffentlichen Reden drückte eine Frau aus dem Publikum lauthals ihre Verzweiflung über ihre Anfechtungen und ihre mangelnde Disziplin aus. Der Dalai Lama antwortete mit einfachen Worten: «Try, try, and try again!» («Versuche es, versuche es und versuche es noch einmal!») Es war nicht der Inhalt, sondern die bestimmende Ermutigung seiner freundlichen Stimme, die uns alle spontan Beifall klatschen ließ.

Hinter den einfachsten Aussagen dieses Mannes vermuteten wir oft ungeahnten Tiefgang. Er sagte von sich selbst, dass er noch nicht erleuchtet sei und es, ebenso wie wir, nötig habe, jeden Tag zu meditieren. Wir hielten ihn für einen Bodhisattva, jemanden, der auf die vollendete Buddhaschaft verzichtet, um all den leidenden Wesen auf dem Weg zur Erleuchtung zu helfen.

Am fünften und letzten Unterrichtstag hatte der Dalai Lama Geburtstag. Verschiedene Menschen fragten ihn, was sie ihm denn schenken könnten. Nachdem wir ihm ein Geburtstagslied gesungen hatten, erklärte er, dass er als Mönch nichts Materielles brauche. Er verlangte nur eines: «Gebt mir eure Herzen!» Dazu war ich sofort bereit ...

Kapitel 1

Die graue Welt

Nein, hier will ich nicht leben

Eine meiner tiefsten Erinnerungen ist ein Bild ohne irgendeinen Anspruch von Zeit. Es ist ein graues, weites, flaches Land, auf dem nichts als kalte Leere liegt. Vielleicht ist es die winterliche Landschaft im Norden Hollands, in der ich geboren bin. Vielleicht entspringt dieses Bild auch der Tiefe meines Seelenlebens. Auf jeden Fall drückt es meine erste Wahrnehmung von dieser Welt aus. Obwohl ich mich in dieser Landschaft als Baby noch nicht wahrnahm, verbinde ich mit diesem Bild ein ganz frühes, enormes Ich-Gefühl, das eine starke Abwehrhaltung ausdrückt: «Nein! Nein! Hier will ich nicht leben!» Es war, als wehrte ich mich gegen mein Geborensein.

Meine rebellische Haltung zeichnete sich auch in der Beziehung zu meiner Mutter ab. Ich schrie viel, um ihre Anwesenheit zu erzwingen und ihre Aufmerksamkeit zu erhalten. Sie versorgte mich, so gut sie konnte, doch es war eine Art Gespaltenheit in mir, durch die ich einerseits ihre Nähe forderte, sie andererseits aber auch gleich wieder ablehnte. Zumindest bekam ich aber durch mein Theater viel Zuwendung.

Ich erinnere mich, dass ich als kleines Kind eine große Einsamkeit in mir und um mich herum fühlte. In den folgenden Jahren verbrachte ich viel Zeit damit, aus dieser grauen Welt, die ich wahrnahm, in die Bilder einer Phantasiewelt hineinzuflüchten. In ihr entzog ich mich der Wirklichkeit mit ihren Anforderungen und Pflichten und konnte meine Gefühle wunderbar ausleben.

Meinen Eltern gegenüber handelte ich häufig, als ob es sie für mich als Autoritätspersonen gar nicht gäbe. Besonders meine Mutter sollte sich meinem Willen beugen. Sie fühlte sich dementsprechend oft machtlos und bestrafte mich dann in ihrem Zorn.

Mit der Geburt meiner Schwester fand ich ein neues Opfer. Da sie sich noch nicht verteidigen konnte, attackierte ich sie körperlich und seelisch. Seltsamerweise habe ich mich trotzdem als lieben Jungen in Erinnerung, der gerechte und wohlmeinende Vorstellungen und Gedanken hatte. Alles, was ich tat, wurde von mir in meine Traumwelt aufgenommen und dort sogleich verwandelt.

So begann ich mit mir selbst Verstecken zu spielen. Später, nachdem ich Buddhist geworden war, spiegelte mir einmal einer meiner Lehrmeister mein inneres Verhalten. Wir begegneten einander unerwartet. Ich erschrak. Er sah mich an, duckte sich und schoss wie eine Katze an mir vorüber. Sofort wusste ich, dass er mein inneres Versteckspiel durchschaut hatte. Es sollte aber noch lange dauern, bis diese Qual vorbei war.

Der Umzug in das neue Land

Als ich fünf Jahre alt war, zogen meine Eltern vom kahlen Norden in einen Teil der Niederlande, der dem Meer durch Eindeichung abgewonnen worden war. Mein Vater war Bauer und bekam die Möglichkeit, hier in Flevoland einen neuen Hof aufzubauen. Wir gehörten zu den ersten Bewohnern dieses Gebietes. Alle, die sich dort ansiedeln durften, mussten besondere Qualifikationen vorweisen und brachten eine Art Pioniergeist mit. Man versuchte mit dem neuen Land auch neue Wege des Zusammenlebens zu finden, die mehr Menschlichkeit ausdrückten und weniger von Traditionen bestimmt waren.

Es war ein Gebiet, das in jeder Hinsicht von Menschen erdacht, geplant und nach bestimmten Richtlinien eingeteilt war. Die Straßen hatten keinen natürlichen Verlauf. Sie waren alle gerade und an verschiedenen Stellen mit jungen Bäumen bepflanzt. Ähnlich war es auch mit den angelegten Kanälen und Feldern. Die Menschen bemühten sich, die Kahlheit der Landschaft mit einer Vision von der Zukunft auszufüllen. Auf dieser flachen Ebene, auf der die Häuser die höchsten Punkte waren, wehten ständig starke Winde, aber auch der Nebel konnte sich so richtig ausbreiten und blieb lange hängen. So vertiefte sich mein Bild von der grauen, kalten Welt.

Meine Eltern hatten sich auch von der Tradition der Kirche freigemacht. Das Bedürfnis nach Gemeinschaft und einer gewissen Religiosität wurde in einem so genannten «Freigesinnten protestantischen Kontaktzentrum» gepflegt. Die Geschichten, die ich dort in der Sonntagsschule hörte, sagten mir nichts. Am meisten in Erinnerung blieb mir ein Weihnachtsspiel von der Geburt Jesu, in dem mir die ehrenvolle Rolle des Hinterteils eines Kamels zukam. Im Nachhinein denke ich, dass es die beste Rolle war, die ich bekommen konnte, da der Kamelbuckel den Wasservorrat enthält, mit dem das Tier sich tagelang in der Wüste aufhalten kann. Denn es schien mir doch häufig so, als lebte ich innerlich in einer Wüste. Oft fühlte ich mich in meiner eigenen Familie wie ein Fremder und fragte mich, ob ich wohl wirklich der Sohn meiner Eltern war.

Immer wieder wurde ich von meiner Sehnsucht nach Geborgenheit zutiefst berührt und eingeholt. In der Schule sangen wir hin und wieder ein Lied, in dem es hieß: «Denn zu Haus' ist es warm und gemütlich, ja zu Haus' steht das Essen schon bereit ...» Bei diesem Lied konnte ich meine Tränen fast nicht zurückhalten. Der Wunsch nach Geborgenheit und Nähe einerseits und der Drang nach Freiheit andererseits rangen ständig in mir. In meiner Angst, beides nicht zu bekommen, blieb ich als Kind ein dauerhafter Neinsager. Wenn meine Mutter mich um etwas bat, sagte ich nein oder lehnte mich dagegen auf. Kurze Zeit später kam ich dem Wunsch dann doch nach, weil mein Gewissen mir keine Ruhe ließ.

Als ich merkte, dass ich mich mit meiner negativen Haltung nur selbst plagte, verlangte ich danach, von meinem Vater deutliche Richtlinien zu bekommen, und ich provozierte ihn, damit er ein Machtwort sprach. Mein Vater war gutmütig und häufig müde von der Arbeit. Er hatte, ebenso wie ich, die Angewohnheit, geistig oft nicht anwesend zu sein. Mir fehlte aber seine innere Präsenz. Manchmal forderte ich ihn deshalb so stark heraus, dass er wütend aufsprang, hinter mir her rannte und mir Stubenarrest verordnete. Dann erst kam ich zur Ruhe. Wohl wissend: Ich hatte Grenzen überschritten. Tief in mir sehnte ich mich nach Führung, besonders von meinem Vater, und wollte gehorsam sein, ja ... Doch ich blieb ungehorsam.

Meine Zeit kommt noch

In der Pubertät lebte ich ständig in dem Gedanken: «Die Zeit wird noch kommen, in der ich der Welt mein Können und Wissen zeigen werde. Dann werde ich sagen: Seht ihr, ich habe doch Recht gehabt! Wenn ich einmal frei bin, mache ich alles, woran ich Spaß habe. Und dann zeige ich euch, wie ein freies Leben aussieht!»

Inzwischen ging ich aufs Gymnasium, worauf ich sehr stolz war. Die Strecke dorthin betrug siebzehn Kilometer. Ich legte sie fast täglich bei Wind und Wetter mit dem Fahrrad zurück. Hier zeigte sich mein Kämpferwille, der neben meiner Träumerei durchaus auch vorhanden war.

Mit der Pubertät wurden statt der guten Zensuren, die ich mir am Anfang noch zu erreichen vorgenommen hatte, die Beziehungen zu Mädchen wichtig. Da ich aber in dieser Zeit mit vielen Pickeln geschlagen war, verbrachte ich auch hier wieder etliche Stunden und Tage in Träumereien, durch die ich der Wirklichkeit entfloh. Dennoch war tief in meinem Inneren der Gedanke brennend: «Ich muss aus diesem Umfeld raus, um meine Freiheit zu finden.»

Endlich war es so weit! Mit meinem achtzehnten Lebensjahr schloss ich die Schule mit dem Abitur ab. Meine Eltern schenkten mir zur Belohnung eine Reise nach Amerika. Da mir Nordamerika für einen längeren Aufenthalt zu kalt und zu teuer zu sein schien, entschied ich mich für Südamerika. Mit minimalem Gepäck und wenig Geld würde ich beweisen, wie selbständig ich inzwischen war. Es überraschte mich, dass meine Mutter, mit der ich ständig im Streit gelegen hatte, bei meinem Abschied weinte, wo doch gerade ihr Erziehungsziel immer Selbständigkeit gewesen war.

In den Briefen, die ich später schrieb, muss das Heimweh durchgeklungen sein. Obwohl ich mich zu Hause oft wie ein Fremder gefühlt hatte, merkte ich nun, dass ich mehr daran gebunden war, als ich je wahrhaben wollte. Aber ich hatte mir vorgenommen, zu beweisen, dass meine Zeit nun gekommen war; die Zeit, um die Welt, die Menschen, mich selbst und insbesondere die Freiheit zu entdecken.

Der Drang nach Freiheit

Das Flugzeug durchbrach die dicke Wolkendecke über Brasilien. Kurz danach, gegen acht Uhr morgens, berührte unsere Maschine die Landebahn in Rio de Janeiro. Die zum größten Teil einheimischen Passagiere klatschten erleichtert in die Hände oder schlugen Kreuze über ihrer Brust.

Meine erste Station sollte die holländische Kolonie Holambra sein. Freunde hatten mir die Adresse einer dort ansässigen holländischen Familie gegeben. Ich wechselte am Flughafen etwas Geld und ließ mir von der freundlichen Frau hinter dem Schalter erklären, wie der Busbahnhof zu finden sei. Sie sprach Englisch, und das gab mir die Hoffnung, mich in diesem fremden Land wenigstens verständigen zu können. Schon kurze Zeit später wurde diese Erwartung jedoch bitter enttäuscht.

Das Ticket für die Busfahrt war schnell gekauft – ich nannte einfach den Namen meines Reisezieles. Auf dem Busbahnhof herrschte eine hektische Atmosphäre. Reisende liefen mit schweren Koffern an mir vorbei, Mütter riefen nach ihren Kindern. Die Motoren der stehenden Busse liefen zum Teil nonstop und verbreiteten einen starken Abgasgeruch. In langen Reihen standen die Menschen hinter- und nebeneinander. Ich war froh, als ich endlich in dem Bus saß, von dem ich annahm, er fahre nach Holambra. Die Fahrt dorthin dauerte etwa eine volle Tagesreise. Alle paar Stunden hielt der Bus, um den Passagieren Gelegenheit zur Erfrischung zu geben. Ich war durstig. Aber was sollte ich trinken? Ein Glas Tee schien mir das Richtige, denn für einen heißen Tee wurde wenigstens das Wasser abgekocht. Leider verstand jedoch niemand das englische Wort «tea». Man brachte mir allerlei verschiedene Getränke, aber nichts entsprach meinen Wünschen. Mit Händen und Füßen gelang es mir endlich, mich verständlich zu machen. Mein erstes brasilianisches Wort hatte ich nun gelernt: «cha».

Zu nachtschlafender Zeit, in völliger Dunkelheit, kam ich in Holambra an. Da stand ich mutterseelenallein in einem fremden Land. Die einzelnen Häuser lagen weit verstreut. Wie sollte ich nun die angegebene Adresse finden? Ich nahm allen Mut zusammen, klopfte an eine Haustür und fragte schüchtern, ob jemand Holländisch spreche. Der Hausherr begriff, dass ich nach meinen

Landsleuten suchte, und brachte mich nach einigem Nachdenken in ein fast leer stehendes Haus, in dem vorübergehend gerade zwei junge Holländer wohnten. Die beiden, die sich hier Geld für den Rückflug verdienten, nahmen mich auf und bereiteten mir ein Nachtlager. Es war schmutzig und ungemütlich, aber ich hatte wenigstens ein Dach über dem Kopf.

Am nächsten Tag fand ich dann die Familie, deren Adresse man mir gegeben hatte. Es war ein Rentnerehepaar, dessen Kinder das Haus bereits verlassen hatten. Sie zeigten mir zwar mit dem Auto die Umgebung, nahmen mich jedoch nicht besonders herzlich auf. Ich fühlte mich keineswegs willkommen und blieb deshalb nur drei Tage.

Nun trieb es mich in die Stadt Curitiba. In meinem Gepäck hatte ich ein paar typisch holländische Produkte, die ich einer dort wohnenden niederländischen Familie überbringen sollte. Die Reisezeit betrug etwa sechzehn Stunden. Mitten in der Nacht kam ich in Curitiba an. Es war unmöglich, die Familie, die in einem entfernten Stadtviertel wohnte, noch zu erreichen. Auf der Straße konnte ich nicht bleiben. Da entdeckte ich ein Lagerhaus. Die große Schiebetür quietschte, als ich sie mit Mühe einen Spaltbreit zur Seite schob. Ich zwängte mich hindurch und verbrachte meine erste Nacht in Curitiba auf dem harten Boden eines Lagerhauses.

Wie froh war ich, als ich am nächsten Tag freundliche Aufnahme in der Familie Barkema fand. Pieter Barkema war Seemann gewesen. Er erzählte mir, dass er irgendwann Gott begegnet sei, dann die Seefahrt aufgegeben und geheiratet habe. Um seine Frau und seine zwei Kinder zu versorgen, hatte er sich später einen Bagger gebaut und verkaufte nun Sand an größere Unternehmen. Ich durfte ihm bei dieser Arbeit helfen. Gemeinsam mit zwei brasilianischen Mitarbeitern saßen wir auf der lauten Maschine mitten im Baggersee. Es war eine eintönige Arbeit. Dabei fand Pieter immer wieder Gelegenheit, über seinen Glauben an Jesus Christus zu sprechen. Mich beeindruckte, welche Freude er dabei ausstrahlte. Auch war es für mich überraschend zu erleben, wie er und seine Frau ihre täglichen Sorgen und Wünsche im Gebet darlegten und dass sie sogar Gott für mich und meine Anwesenheit dankten. Vielleicht hatten diese beeindruckenden Erfahrungen dann auch damit zu tun, dass ich noch Jahre später immer wieder einmal von Jesus Christus träumte.

In der grünen, hügeligen Landschaft nicht weit von Curitiba hatte eine Gruppe Bauern aus den Niederlanden nach dem Krieg die Kolonie Carambei gegründet. Als Bauernsohn konnte ich dort ohne Mühe Arbeit finden. Die meiste Zeit wohnte und arbeitete ich bei einer jungen Familie. Sonntags ging es in dem kleinen Auto über die staubigen Wege zu der holländisch-reformierten Kirche. Der Gottesdienst schien mir etwas altmodisch zu sein und interessierte mich überhaupt nicht. Meine Augen schweiften über die Kirchenbänke, und ich entdeckte ein junges Mädchen mit blonden Locken und klaren, blaugrünen Augen. Sie entsprach ganz meinem Idealbild, und so fing ich an, Blickkontakt mit ihr zu suchen.

Am Neujahrstag trafen sich die Holländer an einem kleinen See. Es war Hochsommer. Man hing herum, schwamm oder beteiligte sich am Wasserski-Fahren. Bei einem Sprungwettbewerb wollte ich Eindruck machen und probierte einen gewagten Sprung vom Dreimeterbrett. Unsanft schlug ich mit dem Rücken auf dem Wasser auf. Als ich anschließend etwas verloren und bedrückt dastand, blickte mein angebetetes blondes Mädchen mich unerwarteterweise mit solch einer Liebe an, dass ich in den Boden zu sinken meinte. Diese Liebe schien mir übermenschliche Dimensionen zu haben.

Für die nächsten paar Tage schwebte ich auf Wolke sieben. Ich konnte jedoch aus Verlegenheit mit niemandem darüber sprechen, schon gar nicht mit dem Mädchen selbst. Am liebsten hätte ich dieses «göttliche» Gefühl der Liebe für immer festgehalten. Gleichzeitig fühlte ich mich völlig unfähig, auf eine solche Liebe einzugehen, geschweige denn, sie zu halten. In meiner absoluten Hilflosigkeit, aber in dem unbedarften Bestreben, irgendetwas tun zu wollen, um mich wenigstens zu behaupten und zu reinigen, ließ ich meine Schuhe zurück und reiste drei Wochen lang barfuß bis nach Argentinien weiter. Ich wusste, ich war noch nicht reif für eine solche Beziehung.

Meine Verliebtheit schien jedoch in meiner Seele eine fast unstillbare Sehnsucht geweckt zu haben. In mir rangen der starke Wunsch nach Liebe und mein Verlangen nach Freiheit. Letzteres gewann. Ich wollte mich auf keinen Fall binden.

Da es mein Ziel war, Land und Leute kennen zu lernen, verließ ich eines Tages die holländische Kolonie. Ich fuhr per Anhalter, auch wenn es mich manchmal stundenlanges, ja tagelanges Warten am Straßenrand in der sengenden Sonne kostete. Der Asphalt unter meinen nackten Füßen war dann oft dermaßen heiß, dass es unmöglich war, darauf still zu stehen. Wie ein Getriebener eilte ich über die staubigen Straßen.

Wenn ich, müde vom Reisen, auf der Suche nach einer Unterkunft durch eine Stadt lief, begegnete ich immer wieder Gruppen von jungen Menschen, die sich in der Kühle der Abenddämmerung auf den Straßen trafen. Meine blonden Haare und die blauen Augen waren eine Attraktion, und die Mädchen pfiffen mir auf der Straße nach. So etwas hatte ich in Holland noch nie erlebt. Aber auch diese beglückenden Momente waren nur von kurzer Dauer. Wegen meiner Angst, gegen meinen Willen durch Menschen oder Situationen gebunden zu werden, blieb ich oft alleine, schlief in irgendwelchen leer stehenden Häusern oder in Straßengräben und fühlte mich nach einer unruhigen Nacht auf hartem Boden zutiefst einsam.

Immer wenn ich per Anhalter durchs Land zog, ergötzte sich meine schmachtende Seele an den vorüberziehenden Landschaften. Das blaue Meer, endlose gelbe Strände, ausgedehnte Wälder, durch die sich Flüsse mit zum Teil mächtigen Wasserfällen einen Weg bahnten – all das brachte mich zum Staunen. Und die Menschen, bei denen ich mitfuhr, schütteten mir manchmal ihr ganzes Herz aus.

Oft wurde ich in Familien eingeladen. Wenn auch die Hütten, in denen ich meine Hängematte zum Schlafen anbringen durfte, meist ziemlich armselig waren, gab mir die Teilnahme am Familienleben doch ein Gefühl von Geborgenheit und Geliebtwerden. Aber schon nach kurzer Zeit wurde die Geborgenheit durch das bange Empfinden einer bedrückenden Gebundenheit abgelöst, und ich meinte, ich müsse umgehend weiterziehen, um wieder frei zu sein.

Einmal nahm mich ein junger Mann mit seinem schnellen Auto mit. Zusammen mit seinen Freunden verbrachten wir ein Wochenende am Meer. Sie rauchten Haschisch. Eine halbe Stunde später schliefen alle. «Was für ein Blödsinn!», dachte ich, während ich einsam und allein am Strand entlangspazierte. Es schien mir nichts Gutes oder mindestens nichts Nützliches dabei herauszukommen.

Im Laufe der Zeit begegnete ich vielen Menschen, die auf unterschiedlichste Art und Weise Befriedigung suchten. So ist in der südamerikanischen Kultur zum Beispiel Sex ein wahnsinnig wichtiger Faktor. Das findet seinen Ausdruck besonders in Musik, Tanz, Bewegung und Mode. Die Frauen kleiden sich gerne erotisch. Schon kleine Mädchen ab fünf oder sechs Jahren schminken sich und legen früh Wert auf ihr Äußeres. In den Städten wird auch die Homosexualität ganz offen ausgelebt. Eines Tages nahm mich ein Mann mit in seine schmuddelige Behausung. Ich ahnte nicht, dass er mich für seine Triebbefriedigung benutzen wollte. Mit Mühe konnte ich ihn mir vom Leibe halten. Er masturbierte während der ganzen Nacht. Wie war ich froh, als ich am nächsten Morgen frei und äußerlich unversehrt wieder in die Stadt laufen konnte!

Meine etwas seltsame Erscheinung zog die Aufmerksamkeit vieler Menschen auf sich. Blond, blauäugig, barfuß, mit einer kurzen Sporthose bekleidet und einem roten holländischen Bauerntuch um den Hals, zum Schutz gegen die Sonne und als Zeichen meiner Freiheit – so lief ich durch die heißen Straßen. In einer kleinen Armeetasche, meinem einzigen Gepäckstück, hatte ich eine lange Hose, die ich nachts gegen die Angriffe der Mücken anzog. Immer wieder geschah es, dass Menschen mir überraschend Schuhe anboten, so dass ich schon erwog, durch Schuhverkauf meinen Lebensunterhalt zu verdienen.

Mein Äußeres erregte in Buenos Aires offensichtlich Anstoß. Eines Tages griff mich eine starke Hand mitten auf der Straße plötzlich am Kragen, und ein Mann schleppte mich brutal, ohne ein Wort zu sagen, in ein Amtsgebäude. Glücklicherweise half mir mein holländischer Pass aus dieser gefährlichen Situation. Noch ein wenig unter Schock ging ich zur holländischen Botschaft und war froh, als mir dort eine verantwortungsbewusste niederländische Angestellte wegen meiner leichtsinnigen Lebensweise den Kopf wusch. Sie gab mir die Adresse der Heilsarmee. In deren überfüllter Unterkunft schlief ich als einziger Europäer, mitten zwischen den ärmsten Bewohnern der Stadt, auf einem Tisch. Vielleicht war es ja wirklich vernünftiger, bei der Heilsarmee zu übernachten, aber mehr Ruhe hatte ich mit Sicherheit in den leer stehenden Häusern der Umgebung!

Ein Hotelzimmer konnte ich mir ja nicht leisten. Selbst bei den Ausgaben für meine Ernährung musste ich sehr sparsam sein. Manchmal wurde ich auf wunderbare Weise versorgt. So geschah es zum Beispiel, dass ich mir in einem Restaurant eine Cola bestellte und mir die Bedienung ohne ein Wort der Erklärung zusätzlich einen Teller mit Essen vorsetzte. Eines Abends kaufte ich mir nach einem sehr heißen Tag in Buenos Aires in einem kleinen Laden einen Liter Cola und ein trockenes Brot. Wie immer saßen viele Menschen vor ihren Häusern. Hungrig und durstig setzte ich mich an den Straßenrand und fing an, meine Mahlzeit zu verzehren. Ohne ein Wort zu sagen, kamen Menschen zu mir, brachten mir Käse und Schinken und steckten mir Geld zu. Dankbarkeit und ein Gefühl von Geborgenheit erfüllten mein Herz.

Eines Abends war ich sehr müde vom langen Laufen und dem Warten auf eine Mitfahrgelegenheit. Da es bereits stockfinster war, beschloss ich, mich im Straßengraben schlafen zu legen. Mein kleines rotes Halstuch legte ich wegen der Kälte der Nacht unter meinen Rücken. Als ich bei Sonnenaufgang meine Augen öffnete, starrten mich etwa zwanzig schwarze Gesichter ungläubig und erschrocken an. «Guten Morgen!», sagte ich. Aber niemand antwortete. Einer nach dem anderen entfernte sich, bis der Letzte mir zumurmelte, sie hätten geglaubt, ich sei tot. In meinem jugendlichen Leichtsinn hatte ich an die Gefahr auf der Straße nicht gedacht ...

Für mich ging die Reise weiter nach Rio de Janeiro, wo ich den Karneval miterleben wollte. Anschließend reiste ich in den armen und trockenen Norden des Landes, fuhr drei Tage per Schiff über den Amazonas nach Manaus und flog von dort aus mit dem Flugzeug in die Hauptstadt Brasilia.

Mitten auf der Straße, in einem modernen Einkaufszentrum, riefen mir ein paar Hippies nach: «Hé, Logo (komischer Vogel), komm her!» Ich blieb stehen, und wir kamen ins Gespräch. Sie fragten, ob ich Geld hätte. Ich bekannte ehrlich, tatsächlich noch einen Reisescheck zu besitzen. Sie meinten, dass wir doch zusammen ein bisschen feiern könnten. Schon bald liefen mir vier Hippies auf der Suche nach einer Bank nach, wo ich den Scheck eintauschen wollte. Offenbar fielen wir auf und zogen deshalb die Aufmerksamkeit einiger Polizisten auf uns. Schließlich wurden wir mit erhobenen Armen an die Wand gestellt. Wieder erwies sich mein holländischer Pass als die große Hilfe. Während die Hippies abtransportiert wurden, brachten mich die Polizeibeamten zum Busbahnhof und zwangen mich, noch am selben Tag die Stadt zu verlassen.

Einige Tage später sprach mich in einer anderen Stadt ein junger Mann mit harten Gesichtszügen an: «Hé, Logo, kann ich deine Schuhe kaufen?» Nachdem ich drei Wochen mühsam barfuß gelaufen war, hatte ich ein Paar neuer Turnschuhe geschenkt bekommen und sie auch dankbar angenommen. Da ich aber jetzt gerade etwas Geld brauchte, war ich bereit, meine Schuhe zu verkaufen, und gab sie dem jungen Mann zum Anprobieren. Als er feststellte, dass sie ihm passten, wollte er sie jedoch weder bezahlen noch zurückgeben. Mitten auf der Straße begann er – er hatte ungefähr meine Größe – plötzlich mit mir zu kämpfen. Gegen seine drohenden Fäuste wehrte ich mich mit karateähnlichen Fußtritten. Der Kampf sah wohl wild aus und zog gleich eine Menge Publikum an. Ebenso plötzlich, wie er begonnen hatte, endete er auch wieder. Mein Gegner zog meine Schuhe aus, warf sie mir zu, versicherte mir, mich das nächste Mal umzubringen, und verließ den Schauplatz. Zitternd vor Schreck blieb ich zurück. Von nun an schien mir die Welt doch nicht mehr ganz so harmlos zu sein ...

In meinem Gefühlsleben gab es in dieser Zeit mehr Berge und Täler als jemals zuvor. Auf wunderbare Weise war ich bislang vor Räubern und sexuellen Versuchungen bewahrt geblieben. Einige spontane, jedoch harmlose Liebesaffären belebten meine ausgehungerte Seele jeweils für eine Weile, aber der Drang nach Freiheit siegte schließlich immer wieder. Außerdem war das Verlangen nach der wahren Liebe stärker als nach den sexuellen Exzessen, denen einige meiner so genannten Freunde nachjagten. Deswegen war es mir immer ein heimliches Anliegen, das Mädchen in der holländischen Kolonie noch einmal zu sehen. Ich fuhr deshalb zurück nach Carambei. An einem Sonntag, als die Jugendgruppe der Kirche in einem Altenheim sang, nahm man mich mit. Meine blonde Flamme war auch dabei; sie war noch genauso schön wie zuvor. Aber es schien mir, als gelte ihre Liebe jetzt mehr den alten Leuten als mir. Die christlichen Lieder, die hier gesungen wurden, sagten mir nichts, doch ich staunte über die Hingabe der jungen Menschen.

Bei einem Besuch in der großen Familie des Mädchens fragte mich die Mutter nach meinem Berufswunsch. Ich erklärte feierlich, Pilot werden zu wollen, und stellte mir heimlich vor, wie ich eines Tages in Brasilien landen würde, um meine Braut abzuholen.

Nach acht Monaten Südamerika hatte ich gelernt, dass die so genannte Freiheit ihren Preis hat – nämlich Einsamkeit. Das ließ sich aber beim besten Willen nicht mit meiner Sehnsucht nach Liebe und Anerkennung vereinbaren. Mit der Absicht, Pilot zu werden, ging ich nun zurück nach Holland.

Dieses Verlangen nach Liebe

Zu Hause empfingen mich meine Familie und mein Freundeskreis wie einen Helden. Anfänglich tat es gut, in der Geborgenheit des elterlichen Hauses zu sein, aber schon bald schienen mich alte Bande wieder gefangen nehmen zu wollen. Für einen Piloten war ich zu eigenwillig geworden, wie ein psychologischer Test zur Aufnahme der Ausbildung erkennen ließ. Somit wurde meine Bewerbung abgelehnt. Bald danach wurde ich zum Militärdienst einberufen. Gewöhnt an einen freien Lebensstil, kam mir dort die äußerliche Disziplin lächerlich vor. Wenn der Offizier seine Befehle zum Exerzieren ausrief, konnte ich mich vor Lachen nicht halten und kam ständig aus dem Tritt. Das steckte meine Kollegen an, und auch sie mussten lachen, wodurch unsere Truppe zu einem Chaotenhaufen wurde. Andauernd musste ich Strafmaßnahmen über mich ergehen lassen.

Weil man sich mit mir keinen Rat mehr wusste, wurde ich nach Deutschland versetzt. Dort sollte ich in der holländischen Kaserne Seedorf im Büro arbeiten. Wieder einmal war ich in einem anderen Land mit einer etwas anderen Kultur und einer anderen Mentalität angelangt. Die Mittel, um Befriedigung zu finden und der täglichen Langeweile zu entgehen, waren in Europa jedoch die gleichen wie in Südamerika: Sex, die Suche nach einer Frau, Alkohol, Drogen und Diskotheken.

Da mir an dem grobschlächtigen Gerede meiner Kameraden wenig lag, suchte ich auf meine Art nach Begegnung: in langen Gesprächen mit einer jungen Mutter von zwei Kindern. Sie war frustriert von ihrem Leben als Ehefrau und spielte schon länger mit dem Gedanken, ihre Familie zu verlassen. Letztendlich trug ich noch dazu bei, dass sie ihre Pläne in die Tat umsetzte, und landete kurze Zeit später mit ihr im Bett. Ich hatte gehofft, dass bei mir durch diesen Kontakt ein bestimmtes Verlangen zur Ruhe käme. Die Befriedigung war aber nur von kurzer Dauer. Nein, ich musste und würde die wahre Liebe noch finden!

Nach dem Militärdienst beschloss ich, Psychologie zu studieren. Tiefe Gespräche und das Entdecken und Erforschen meines Seelenlebens waren mir zum existenziellen Bedürfnis geworden. Auch konnte ich mir nicht mehr vorstellen, bei meinen Eltern zu wohnen. In der Universitätsstadt Nimwegen nahm ich mir ein kleines Zimmer und brachte das erste Studienjahr ohne Probleme hinter mich. Während der Semesterferien lockten mich die warmen Länder, und so trampte ich durch Frankreich, Spanien, Marokko und Portugal. Wieder ging mit dem Gefühl der Freiheit auch diese nagende Einsamkeit einher. Das Bedürfnis nach transpersonalen Erfahrungen stieg in mir auf.

Im Süden Spaniens traf ich ein junges Pärchen aus Jugoslawien. Der junge Mann, Ecio, fragte mich, ob ich mit nach Marokko fahren wolle. Weil ich bereits zwei Wochen einsam herumgezogen war, nahm ich das Angebot dankbar an. Es stellte sich heraus, dass die beiden Haschisch kaufen wollten. Drei Tage lang rauchten wir gemeinsam Dope und liefen «stoned» herum. Mein Bewusstsein schien sich zu erweitern, und ein unstillbarer Erfahrungshunger fand für kurze Zeit Befriedigung. Als wir auf der Rückreise gemeinsam die Grenze bei Gibraltar überquerten, hatte Ecio seine Schuhe voller Haschisch. Wir versuchten, so harmlos wie möglich auszusehen, und gelangten ohne Kontrolle an den Zollbeamten vorbei. Kurz darauf verabschiedeten wir uns, denn Ecio und seine Freundin wollten ihre Beute so schnell wie möglich nach Hause bringen. Mir erschien es sinnlos, sich von diesem Zeug binden zu lassen, darum reiste ich ohne Marihuana weiter nach Portugal. Meine innere Leere aber war nach all diesen Erfahrungen noch größer. Glücklicherweise konnte ich sie durch die Begegnung mit jungen Portugiesen, die mich in ihre Familie aufnahmen, für eine

Weile vergessen. Ihre Herzlichkeit und Wärme war ein kleines Trostpflaster auf die Wunde meiner Einsamkeit. Nach den vielen ungewöhnlichen Abenteuern war das Gewöhnliche außergewöhnlich geworden.

Mit neuem Mut stürzte ich mich in mein Studium und nahm schon an Programmen teil, die erst für das dritte Jahr vorgesehen waren. Einmal verbrachte ich eine ganze Nacht zusammen mit meiner Praktikumsgruppe. Dabei äußerten sich ungelöste Spannungen bei mir in unaufhörlichem Lachen über die kleinste Kleinigkeit. Eine junge Studentin aus der Gruppe interessierte sich dadurch so stark für mich, dass sie mich ständig besuchte.

Obwohl sie mir nicht gleich aufgefallen war, weckten ihre unerwarteten Besuche meine Neugierde. Sie sah aus, als hielte sie sich in alternativen Kreisen auf: Sie trug Jeans, eine braune Wildlederjacke und einen lila Libanonschal. Ihre braunen Augen und ihr voller Busen strahlten eine unkomplizierte Mütterlichkeit aus. Wir unterhielten uns nächtelang in meiner kleinen, aber gemütlichen Bude und rauchten dabei Zigaretten. Sie verbrachte zwar einige Nächte bei mir, hatte aber einen Freund, den sie nicht verlassen wollte. Dieser Kontakt führte mich in ungewollte Abhängigkeit. Wir waren ineinander verliebt, konnten uns aber nicht füreinander entscheiden. Die daraus entstehende innere Zerrissenheit machte mich aggressiv und unruhig. Es gelang mir nicht mehr, mich wie früher in meine Traumwelt zu flüchten. Darum suchte ich ab und zu Entspannung im Rauchen von Haschisch. Dadurch wurden scheinbar alle menschlichen Schwierigkeiten vorübergehend ganz unwichtig.

Im Rahmen des Studiums belegte ich auch das Fach Sexologie. Unser Dozent vertrat die Meinung, es gäbe doch nichts Befriedigenderes als den Kontakt zwischen Mann und Frau und ihre gegenseitige Stimulation. Mit diesem Standpunkt stimmten wir Studenten nicht überein. Er erschien uns zu einfach und irgendwo zu «niedrig». Wir dachten: «Lass ihn reden. Wer Drogen nimmt, der weiß, dass die Wahrheit woanders liegt.» Das Thema meiner Arbeit in diesem Fach lautete: «Sexualität im tibetischen Buddhismus». In einigen Büchern las ich über das Transformieren der sexuellen Energie durch tantrische Praktiken. Das interessierte mich. Die zerbrochenen Liebesbeziehungen hatten mich enorm frustriert, und das Überwinden solcher weltlichen Dinge schien mir ein guter Ausweg zu sein. Ich wollte nicht länger ein Gefangener von unerfüllten Sehnsüchten sein. Das Lesen dieser Bücher machte mich noch unruhiger. Es entstand ein großes Verlangen in mir, den Zustand der Transformation zu erfahren. Allerdings brauchte ich hierzu einen Lehrmeister.

Ein Gespräch mit der Tochter unseres Nachbarn brachte mich auf die Idee, nach Indien und Nepal zu reisen. Sie war selbst dort gewesen und hatte die buddhistische Lehre angenommen. Sie schien von der Aura eines wissenden, geheimnisvollen Stillschweigens umgeben zu sein. Mit leiser Stimme erzählte sie von den tibetischen Lamas (Lehrern) und berichtete von dem Lehrmeister Lama Zopa, der in Nepal Meditationskurse auf Englisch anbot – auch für Anfänger.

Irgendetwas hielt mich aber dennoch davon ab, diese Idee so schnell wie möglich in die Tat umzusetzen, obwohl meine frustrierenden Liebesaffären, die Erfahrungen mit Drogen und mein Fasziniertsein von den geheimnisvollen buddhistischen Lehren mir jegliche Motivation für das Studium raubten. Ich war innerlich unruhig und sehnte mich nach Frieden.

Ich hatte noch eine Hoffnung. Außergewöhnliche Reisen hatten mir nun schon verschiedene Male geholfen, mich selbst und mein Leben mit anderen Augen zu sehen. Warum sollte es mir nicht auch jetzt wieder gelingen? Der Abstand vom alten Freundeskreis, die Begegnung mit neuen Menschen, die Herausforderung, so billig wie möglich, aber trotzdem in Freiheit zu leben – all das würde mich sicher die alte Abhängigkeit vergessen lassen und mir neue Zuversicht und Ruhe verleihen. So machte ich mich mitten im Semester auf nach Jugoslawien, wo ich in Koper meinen Freund Ecio besuchte, mit dem ich in Marokko gewesen war. Mit seiner Freundin war er inzwischen nicht mehr zusammen. Mein Kommen war für ihn ein Grund, ordentlich zu feiern. Mit seinem letzten Geld mietete er ein Auto, und in halsbrecherischer Fahrt ging es nun in die Stadt Ljubljana zu einem Punkkonzert.

Pünktlich trafen wir in einem überfüllten Jugendzentrum ein. Der Gestank von Bier, Schweiß und Rauch schlug mir entgegen.

Es herrschte eine geladene Stimmung. Die Musiker waren mit Alkohol und Drogen zugedröhnt. Nachdem sie eine Viertelstunde lang einen ohrenbetäubenden Lärm produziert hatten, drückten sie die Sinnlosigkeit ihres Daseins darin aus, dass sie damit begannen, all ihre Instrumente zu zerschlagen. Der Zerstörungsdrang sprang auf das Publikum über. Bierflaschen flogen durch die Luft, es herrschten Chaos, Angst und Aufruhr. Jeder spürte, er könnte Opfer werden, obwohl kein direkter Feind zu sehen war. Hier war nur noch Flucht angesagt. Wir drängten uns durch die Menschenmassen zum Ausgang und waren froh, mit heiler Haut davongekommen zu sein.

Unsere nächste Station war ein unterirdischer Studentenkeller. In dem steinernen Gewölbe dröhnte die Musik so laut, dass es fast nicht auszuhalten war. Unablässig wurden Alkohol und Drogen herumgereicht. Ecio erzählte mir, dass einer seiner Freunde sich vor wenigen Wochen das Leben genommen hatte. Das wunderte mich nicht. Ich konnte mir vorstellen, wie leer und sinnlos das Leben sein musste, wenn das, was ich hier erlebte, sein einziger Inhalt war. Wenn ich zurückdenke an jene Woche mit Ecio, kann ich mich an keinen Moment erinnern, in dem wir nicht durch Alkohol oder Drogen betäubt waren. Überall, wo wir hinkamen, wurde getrunken oder geraucht. Obwohl wir einige Male in Ecios Zimmer übernachteten, mied er fast jeden Kontakt mit seinen Eltern. Sie würden seinen Lebensstil sowieso nicht verstehen, meinte er. Nachdem wir nun eine ganze Woche von Party zu Party, von Konzert zu Konzert gelaufen waren und ein mit Drogen, Alkohol und Begegnungen überhäuftes Leben geführt hatten, sagte Ecio völlig erschöpft: «Noch nie in meinem Leben habe ich mich so gelangweilt!»

Per Anhalter ging meine Reise weiter Richtung Griechenland. Es war März und noch kalt. In den Bergen Südjugoslawiens lief ich in meinen dünnen Turnschuhen durch den Schnee. Nicht nur die äußere Kälte machte mir zu schaffen. Mein Herz erfror schier vor Einsamkeit. Land und Leute waren mir fremd. Es war eine ziellose Reise, bei der ich nicht wusste, was ich eigentlich suchte. Ich war auf der Flucht, und gleichzeitig musste ich mich vor mir selbst beweisen, indem ich so mutterseelenallein durch die Lande reiste.

Irgendwann kam mir Israel, das «gelobte» Land, in den Sinn. Ein Schiff brachte mich von Athen aus über das Mittelmeer. Doch was, bitte, war an diesem Land «gelobt»? Die Israelis schienen mir ein arrogantes Volk zu sein. Sie ließen mich eiskalt an der heißen Straße stehen, wenn ich Autostopp machte. Viel eher wurde ich noch von den Arabern mitgenommen. Schon nach zwei Wochen hatte ich genug von Israel und buchte einen Flug nach Istanbul. Wieder einmal wurde ich von ein paar Studenten eingeladen und in ihrer Wohnung aufgenommen. Wir diskutierten viel über den Sinn des Lebens. Ich konnte jedoch generell nicht mehr viel Sinn entdecken, weder in den Begegnungen und Gesprächen, noch im Reisen durch fremde Länder.

Als ich nach sechs Wochen wieder zu Hause war, erlebte ich nicht mehr dieselbe Erfüllung wie nach der Rückkehr aus Brasilien. Die Flucht in einen gewagten Abenteuerdrang brachte mir jedenfalls nicht die Ruhe, nach der ich mich ständig so sehnte. Dies verstärkte mein Verlangen, noch viel radikaler nach dem Sinn des Lebens zu suchen. Vielleicht waren das Leben in der inneren Fülle und der so sehnlichst herbeigewünschte innere Friede ja doch im Buddhismus zu finden?!

Kapitel 2

Auf der Suche nach Erleuchtung

Im Land der unpersönlichen Gottheiten

Trotz der vielen Ereignisse kam ich mit meinem Studium gut voran. Deshalb sah ich ein halbes Jahr später die Möglichkeit, für längere Zeit auszusteigen. Ich wollte mich in Indien und bei dem so reizvollen englischsprachigen Anfängerkurs in Nepal über den Buddhismus informieren und Erfahrungen mit dieser für mich noch unbekannten Religion sammeln. Meine Art zu reisen war nicht teuer. Ich vermietete mein Zimmer und versuchte zunächst per Anhalter, Indien über den Landweg zu erreichen. Das missglückte aber, da es unmöglich war, ein Visum für den Iran zu bekommen. Letztendlich blieb mir nichts anderes übrig, als von Istanbul aus nach Athen zu trampen, um von dort aus ein Flugzeug zu nehmen.

Die Ankunft in Bombay war ein Schock. Die Hitze, der Gestank, die Menschenmassen und die Armut verschlugen mir schier den Atem. Hier war es unmöglich, irgendwo am Straßenrand ungestört zu schlafen, und leer stehende Häuser gab es mit Sicherheit nicht. Darum beschloss ich, so schnell wie möglich mit dem Zug nach Neu-Delhi zu fahren. Dort hatte ich eine Adresse eines buddhistischen Gästehauses. Eine Karte ohne Platzreservierung war schnell gekauft. Stundenlang wartete ich bis zur angegebenen Abfahrtszeit mit vielen Menschen auf dem Bahnsteig. Fast alle wirkten in gewisser Weise gleichgültig, so als hätten sie sich längst in ihr Schicksal ergeben. Ab und zu streckte sich mir eine Hand zum Betteln entgegen, aber auch das gehörte anscheinend zum Gewohnten. Die Wartenden bildeten nach guter alter englischer Sitte eine Reihe, was Mut zur Hoffnung gab, da ich vorne in der Schlange saß. Als dann aber der Zug endlich einrollte, stürmte die ganze Menschenmasse plötzlich und unerwartet in die Waggons, um nach freien Plätzen zu suchen.

Ich steuerte ein Abteil an. Ein Inder, dem es gelungen war, dieses Abteil vor mir zu betreten, verdiente seinen Lebensunterhalt offensichtlich damit, dass er Plätze freihielt und sie an unwissende Touristen wie mich verkaufte. Er bot mir einen Fensterplatz an, und das schien mir für eine vierundzwanzigstündige Reise doch ein guter Ort zu sein. Ich bekam zwar den Platz, wusste aber nicht, dass noch drei andere Menschen vor meinen Füßen auf dem Boden kauern würden. So verbrachte ich die gesamte Reise mit angezogenen Beinen. Dies war nur dadurch möglich, dass ich mich, so wie die anderen auch, in eine Art Trancezustand begab, um die schmerzenden Glieder nicht zu spüren. Schlafen war unmöglich und zur Toilette gehen ebenfalls, denn ausgerechnet dort hatten drei Passagiere ihren Platz für die Reise eingerichtet. Zum Glück wurde auf den lärmigen Bahnhöfen heißer Tee in Tontöpfchen verkauft. Die Verkäufer drängten sich durch die überfüllten Gänge des Zuges oder reichten ihre Ware durch die offenen Fenster herein.

Der Schock der ersten Eindrücke in diesem Land mit den Tausenden von unpersönlichen Gottheiten war kaum zu ertragen. Gespräche, die mir inzwischen so wichtig geworden waren, gab es hier nicht. Es war, als ob die Menschen unpersönlich geworden waren und sich selbst gar nicht mehr wahrnahmen, sondern nur noch in der Masse untergingen. Zwar wurde ich öfter angesprochen, doch die Fragen waren immer die gleichen: «Wie heißt du? Woher kommst du? Was für eine Kamera hast du?» Erst später erfuhr ich, dass diese Fragen ein notwendiger Teil des Begrüßungsrituals waren. Mir schien es, als ob hier niemand persönlich an mir interessiert war. Vielleicht, so dachte ich, muss ich in diesem Land lernen, mein Ego aufzugeben ...

Ich war froh, als ich in dem buddhistischen Haus in Neu-Delhi angekommen war. Es war ein komfortables Haus in einer reichen Nachbarschaft, geleitet von einer jungen englischen Buddhistin. Es bildete eine Zwischenstation für viele, die auf dem Weg in den Norden Indiens zu den buddhistischen Klöstern oder zu den Zentren in den Bergen waren oder sich schon wieder auf der Rückreise befanden. Ein Australier mittleren Alters erzählte gleich am ersten

Abend laut lachend die tollsten Geschichten über die tibetischen Lehrmeister. Eine Engländerin mit kahl geschorenem Haupt, die ganz in die rote Tracht der tibetischen Nonnen und Mönche gehüllt war, schilderte in geheimnisvollem Ton die faszinierenden Fähigkeiten ihrer Lehrmeister (Gurus). Anders als in den buddhistischen Schulen aus Thailand, Birma und Sri Lanka ist es im tibetischen Buddhismus wichtig, einen persönlichen Guru zu haben, dessen Anweisungen man genau zu befolgen hat. Die Lehrmeister scheinen alle über hellseherische Fähigkeiten zu verfügen. Ihr Rat ist von großer Wichtigkeit, damit man auf dem Weg zur Erleuchtung schneller vorankommt. All diese geheimnisvollen Informationen machten mich natürlich nur noch neugieriger. Der Anfängerkurs in Katmandu, der Hauptstadt von Nepal, sollte erst im November beginnen. Da es erst Mitte Oktober war, entschloss ich mich, noch einige Orte von Exil-Tibetern am Fuße des Himalaja zu besuchen.

Meine Reise führte mich in vollgestopften Bussen und Bahnen durch den Norden Indiens. Ich übernachtete meistens in billigen Unterkünften, wodurch ich die indische Kultur noch besser kennen lernte. Erträglich schien mir das alles nur durch das Rauchen von Haschisch, wodurch sich meine persönlichen Grenzen in Rauch auflösten. Mein Ärger über die unermessliche Unpersönlichkeit der Menschen verschwand dann für kurze Zeit, indem mein Selbst mit den Geräuschen und Bildern um mich herum scheinbar eins wurde. Es sah so aus, als wäre ich mit dieser Einstellung durchaus nicht allein. Auch für viele Inder gehörte dieser tranceähnliche Bewusstseinszustand zum täglichen Leben.

Im Vergleich mit den lauten, unruhigen indischen Städten waren die Orte, in denen tibetische Buddhisten wohnten, geradezu Oasen der Ruhe. In der nordindischen Stadt Dharmsala wohnt das politische und religiöse Oberhaupt der Tibeter, der Dalai Lama. Ich hatte von seiner Heiligkeit und seiner Allwissenheit gehört. Es hieß, dass der Dalai Lama eine Inkarnation des tausendarmigen Buddhas Avalokiteshvara sei, der als Ausdruck seiner Allwissenheit und seines großen Mitgefühls in jeder Hand ein Auge hatte. Außerdem war die Rede davon, der Dalai Lama habe besondere hellseherische Fähigkeiten, was bedeutete, er könne das Karma eines jeden Menschen erkennen. Ich hatte ein wenig das Gefühl, von ihm bereits gesehen zu werden, obwohl wir uns noch gar nicht begegnet waren. Während der Nacht vor meiner Ankunft in Dharmsala hatte ich mit einem Sadhu (einem hinduistischen heiligen Mann und Wanderprediger) und einigen armen Männern mitten auf dem Bahnhofsgelände an einem kleinen Lagerfeuer Marihuana geraucht. Eine wunderbare, geheimnisvolle Atmosphäre schien uns zu umgeben, und obwohl wir einander nicht viel sagen konnten, war es, als ob wir gemeinsam in den Geräuschen der Nacht versanken. In dem hektischen Alltagslärm des Tages war diese Erfahrung jedoch wie verschwunden, und ein mattes Gefühl durchdrang nun meine Seele.

Nach sechsstündiger Busfahrt erreichte ich schließlich Dharmsala, den Ort, an dem der Dalai Lama thront. Ich atmete auf. Wie die Passagiere auf dem Dach des Busses diese Strapazen überstanden hatten, war mir ein Rätsel.

Das Klima war recht angenehm. Der Anblick der Berge und der hohen Nadelbäume erinnerte mich stark an die Schweiz. Einen Kontrast dazu bildeten allerdings die Häuser mit ihren Wellblechdächern, die dunkelhäutigen, relativ kleinen Menschen, die Affen, die um Futter bettelten, und der Geruch von Abwässern, der sich mit dem Rauch von Holzfeuern mischte.

Die Bilder und Figuren der tibetischen Tempel flößten mir von Anfang an das Bedürfnis nach einer Art Ehrerbietung ein. Die ungewohnte mystische Atmosphäre faszinierte mich unwahrscheinlich.

Als ich durch den Tempel lief, in dem der Dalai Lama als Hauptlama den wichtigsten und höchsten Thron innehat, schämte ich mich meines betäubten, matten Zustandes. Der Buddha war doch ein *erwachter Mensch* gewesen! ...

Zu meinem Erstaunen stellte ich fest, dass es in dieser Stadt sehr viele Menschen aus dem Westen gab, die am tibetischen Buddhismus stark interessiert waren, regelmäßig an den «teachings» (den Unterrichtsstunden) teilnahmen und sich anschließend zu tiefsinnigen Gesprächen über das Gehörte trafen.

Auch ich besuchte die öffentlichen Lehrveranstaltungen verschiedener Lamas, also buddhistischer Lehrer. In diesen Veranstaltungen und in vielen Gesprächen westlicher Besucher hörte ich immer wieder, dass Menschen, die beim Buddhismus angekommen sind, ein sehr gutes Karma hätten, also positive Lebensenergie, die man in diesem oder in vergangenen Leben gesammelt hat. Daraus leitete ich ab, dass auch ich ein solches gutes Karma hätte.

Wie es bereits die Tochter unseres Nachbarn in Holland getan hatte, riet man mir auch hier, an dem Anfängerkurs teilzunehmen, der im November in Nepal beginnen sollte.

Da ich nach wie vor genug Zeit hatte, wollte ich gerne noch den nördlichsten Punkt Indiens besuchen, an dem überwiegend Tibeter wohnen. Die Stadt Leh liegt auf 4000 Meter Höhe. Um sie zu erreichen, verbrachte ich einen Tag im Zug und drei Tage in einem übervollen Bus, der sich auf einer gefährlichen Bergstraße nach oben quälte. Außer in der Stadt selbst gab es weder Bäume noch Wiesen. Nur graue Bergwände und rötliches Geröll.

Es war ein beeindruckendes Erlebnis, in dieser Stadt zu sein. Während einer Wanderung durch die Sandsteinberge der Umgebung erlebte ich, was absolute Stille ist. Eine Wespe, die in weitem Abstand von mir dahinflog, machte einen Lärm, als würde ein Flugzeug das Tal durchqueren. Diese Stille, so dachte ich, galt es, durch Meditation in sich zu erreichen, um schließlich die Erleuchtung zu erlangen. Sie hatte auf mich eine magische Wirkung. Die buddhistischen Mönche, die mir begegneten, schienen etwas von dieser Stille in sich aufgenommen zu haben. Jedenfalls waren sie sehr freundlich und zeigten bei jeder Begegnung ein breites Lachen. Sie schienen mir wirklich die wahre Religion gefunden zu haben. Bestärkt wurde ich in diesem Gedanken noch durch eine Erfahrung, die ich auf dem Rückweg über den höchsten Pass der Welt machte.

Da es bereits Ende Oktober war, wurde der Verkehr auf der Hälfte der Strecke plötzlich durch starken Schneefall zum Erliegen gebracht. So fuhr auch der Bus, den ich genommen hatte, ab der Ortschaft Kargil nicht mehr weiter, da die Pässe hoffnungslos zugeschneit waren. Zwei Busse, die schon vor Beginn dieser Witterungsänderung von Kargil abgefahren waren, blieben im Schnee stecken. Die Passagiere mussten tagelang in ihrer dünnen indischen Kleidung im Bus sitzen bleiben, bevor es dem Militär gelang, den Weg frei zu räumen.

Zusammen mit ein paar westlichen Touristen und anderen Fahrgästen wartete ich zehn Tage in Kargil, bis die Reise fortgesetzt werden konnte, wobei wir täglich zu hören bekamen: «Morgen geht es weiter ...» Während dieser Zeit feierten die Muslime des Ortes ein Fest. Hierbei gingen die Männer sich selbst kasteiend durch die Straßen. In einem bestimmten Rhythmus schlugen sie sich mit Messern, die an Ketten befestigt waren, auf den Rücken und hieben sich mit der Faust gegen die Brust. Einige Frauen standen weinend am Straßenrand, um ihre jungen Söhne davon abzuhalten, an diesem Schau(der)spiel teilzunehmen. Der von Blut rot gefärbte Schnee, das Geräusch der Ketten, das dunkle Singen und das Dröhnen der Fäuste – all das war Furcht erregend und abstoßend. Diese grauenhafte Atmosphäre war allgegenwärtig, und ich war froh, als wir endlich weiterreisten.

In Indien erlebte ich mehr denn je die erste von Buddhas «vier edlen Wahrheiten», nämlich: «Das Leben ist Leiden». Mein Herz verlangte nach der Begegnung mit den friedliebenden Buddhisten.

Ich nehme meine Zuflucht zu dem Buddha

Einen Tag vor Beginn des Kurses traf ich, ermüdet von der mehrtägigen Bus- und Bahnfahrt, in Nepals Hauptstadt Katmandu ein. Wie üblich stürzten sich bei der Ankunft des Busses mehrere junge Männer auf die aussteigenden Touristen, um sie in ihre Hotels zu locken. Ich ließ mich zunächst auf keinen von ihnen ein. Während ich dann aber alleine durch die dunkle Stadt lief, war ich doch froh, als mich zwei Jungen begleiteten. Sie erzählten, dass in ihrem Hotel schon drei Holländer wohnten. Das erleichterte mir die Entscheidung, ihnen zu folgen.

Zu meiner großen Überraschung begegnete ich in dem Hotel zwei Freunden aus meiner Heimatstadt. Sie waren zusammen mit zwei weiteren Kameraden ebenfalls durch Indien gereist. Wir meinten, dieses Treffen sei gewiss nicht ganz zufällig und müsse doch eine tiefere Bedeutung haben. Als ich ihnen von meinem Vorhaben erzählte, hier in Katmandu einen Anfängerkurs zum Buddhismus zu besuchen, wollten sie am nächsten Tag alle mitkommen, um sich das Kloster anzuschauen.

Auf geliehenen Fahrrädern radelten wir am nächsten Morgen durch die herbstlich bunte Talebene zu dem großen buddhistischen Stupa von Bodhnath, etwa zehn Kilometer von Katmandu entfernt.

Ein Stupa ist ein buddhistischer Kultbau, ein religiöses Monument ohne Eingang. Er hat eine festgelegte dreiteilige Form, die die erwachte Buddha-Natur symbolisiert. Auf einen quadratischen Unterbau wird eine Kuppel gesetzt. In der Mitte der Kuppel befindet sich ein mit Augen bemalter viereckiger Turm, auf dem noch eine Spitze sitzt, die in den Himmel ragt.

Bodhnath ist ein kleiner Ort, den Massen von meist tibetischen Pilgern besuchen. Die Häuser des Dorfes gruppieren sich um den gewaltigen Stupa. Es gibt kleine Restaurants und einfache Stände, an denen man Chai, also Tee, trinken kann; man findet Souvenirläden und Buden, in denen Chang, ein dünnes, selbst gebrautes Bier, angeboten wird.

Ein buntes, fremdes Bild bot sich uns. Pilger, Mönche und Touristen liefen, die meisten von ihnen laut betend, im Uhrzeigersinn um das Monument herum. Andere saßen in Meditationshaltung, drehten Gebetsmühlen und riefen dabei bestimmte Worte (Mantras) vor sich hin. An verschiedenen Plätzen nahe dem Stupa beobachtete ich Menschen, die sich auf einem Brett immer wieder der Länge nach niederwarfen. Die Buddhisten glauben, dass dieses Heiligtum eine besondere Kraft ausstrahlt und dass das Umkreisen, Sichhinwerfen und Aussprechen von Mantras positives Karma vermittelt. Aus Neugierde und Interesse radelten wir auch ein paar Mal um das Monument herum. Anschließend bestiegen wir den Hügel, der zu dem kleinen Kloster namens Kopan führte, wo der Anfängerkurs stattfinden sollte.

Die Gebäude des Klosters waren nicht besonders anspruchsvoll. Es gab ein kleines Haus mit einer schmuddeligen Küche und einem Essraum, einen Tempel mit Schlafräumen für die beiden Lamas des Klosters, einige einfache Schlafunterkünfte für etwa dreißig junge tibetische Mönche sowie für die häufig einkehrenden Gäste. Die einzige Waschgelegenheit war ein Wasserhahn mitten auf dem Klostergelände. Aus sechs steinernen Toilettenhäuschen verbreitete sich ein enormer Gestank, da, wie ich später erfuhr, ständig Menschen an schweren Durchfallerkrankungen litten. Die Toilettenhäuschen, in denen es keine Spülung gab, waren völlig verdreckt, und es kostete uns Europäer große Überwindung, uns dort niederzulassen.

Doch der phantastische Ausblick, den man von diesem Gelände aus über das sonnenüberflutete Tal hatte, und die friedvolle Atmosphäre beeindruckten uns sehr. Nach einigen Gesprächen mit einer jungen Engländerin, die die Anmeldungen bearbeitete, entschieden sich zwei von meinen Freunden spontan, ebenfalls an diesem einmonatigen Kurs teilzunehmen.

Mit der Teilnahme war man verpflichtet, sich an die Regeln des Klosters zu halten, was bedeutete: das Gebiet des Klosters nicht zu verlassen, mit der Außenwelt keinen Briefkontakt zu haben und nicht zu rauchen. Betäubende oder aufputschende Mittel durften nicht genommen werden, und natürlich war es Pflicht, regelmäßig beim Unterricht zu erscheinen.

Zusammen mit ungefähr 150 Teilnehmern begannen wir den Kurs, der hauptsächlich für Leute aus dem Westen organisiert war. Jeder von uns unterschrieb ein Papier, in dem er versicherte, sich für einen Monat den Regeln des Klosters zu unterwerfen. Für mich war es ein Wagnis, denn es bedeutete, meinen unzähmbaren Freiheitsdrang den Anordnungen eines strengen Klosterlebens unterzuordnen und vier Wochen lang mehr oder weniger eingeschlossen zu sein. Aber meine Sehnsucht, aus dieser leidvollen, gequälten Welt befreit zu werden, war inzwischen stärker geworden als alle anderen inneren Regungen. Also ließ ich mich darauf ein.

Morgens um fünf Uhr dreißig wurden wir geweckt. Wir schliefen zu dritt in einem winzigen Zimmer auf dem harten Holzfußboden. Um sechs Uhr begaben wir uns in das speziell für diesen Kurs aufgebaute Meditationszelt. Ein etwa dreißigjähriger Amerikaner, selbst Schüler von Lama Zopa, leitete die Meditation. Er war von gedrungener Gestalt, hatte einen dunklen Bart und trug ganz schlicht Jeans und einen Pullover.

Wegen der Kälte wickelten wir uns in wollene Decken und zwangen unsere steifen Beine in den ungewohnten Meditationssitz. Unser amerikanischer Lehrer meinte, es sei das negative Karma, das uns die Schmerzen in den Beinen und die Unruhe in der Seele verursachte. Es könne dadurch entstanden sein, dass wir in einem vorherigen Leben getrieben gewesen seien, unseren Lüsten nachzujagen. Er selbst konnte durch jahrelanges Training ohne Mühe eine Stunde bewegungslos in Meditationshaltung verbringen.

Mit zusammengebissenen Zähnen strebten wir danach, so regungslos wie ein Standbild zu bleiben. Eine zusätzliche und vielleicht noch größere Schwierigkeit war das Bezwingen der ständig pochenden Gedanken. Wenn dann endlich die Glocke zum Essen ertönte, lief jeder schnell in die Küche, um ganz vorne in der Schlange zu stehen und sich eine große Portion der einfachen tibetischen Kost auf den Teller zu füllen. Oft sprachen wir dann über all die leckeren Gerichte, die jetzt vielleicht zu Hause auf dem Tisch standen.

In den Räumen hielten sich verschiedene Insektenarten auf, z. B. Wanzen, die uns gerne als Aufenthaltsort und Nährboden wählten, da wir im Vergleich zu den Tibetern noch relativ sauber waren. Manchmal kroch während der gesamten Meditationszeit solch ein Tierchen über meinen Rücken. Es war absolut verboten, irgendein lebendiges Wesen zu töten, darum rannte ich gleich nach der Meditation nach draußen, zog mein T-Shirt aus und entließ das Tier in die Freiheit.

Als der tibetische Lehrmeister Lama Zopa, ein kleiner Mann mit einer großen Brille, das Meditationszelt betrat, standen wir alle auf und verneigten uns vor ihm, die Hände vor der Brust gefaltet. Er verneigte sich fast noch tiefer und warf sich dann dreimal lang auf den Boden, bevor er sich auf seinen brokatumkleideten, verzierten Thron setzte. Zu meinem Erstaunen warfen sich auch viele der westlichen Kursteilnehmer auf den Boden. Ohne viel darüber nachzudenken, ahmte ich diese Übungen nach. Es hieß, dass unsere Verbeugung nicht dem Menschen galt, sondern der Buddha-Natur, die in jedem Menschen ist. Somit könne man sich vor jedem Menschen verneigen. Vor einem Lama verneige man sich jedoch noch mehr, da angenommen wird, dass seine Buddha-Natur schon stärker erweckt ist.

Der kleine Lama sprach nur mühsam Englisch. Er hatte Mühe mit der Atmung und musste ständig husten. Der amerikanische Meditationslehrer meinte, dass der Husten durch das schlechte und unreine Karma von uns, den neuen Kursteilnehmern, verursacht würde. Unsere Unreinheit würde seine Reinheit beflecken und ihn zum Husten reizen.

Wir begannen den Unterricht mit einer Lehrschrift des Buddha, der so genannten Heart-Sutra, die wir in Englisch lasen. Dabei war es ziemlich ungewöhnlich und geradezu revolutionär, dass dieser Text uns in Übersetzung vorlag und erläutert wurde. Die meisten Tibeter sprechen die Sutras nämlich in den tibetischen oder den Sanskrit-Klängen, ohne dabei auch nur irgendetwas zu verstehen. Sie glauben, dass der Klang schon ausreicht, um positives Karma zu erlangen.

Es ging in dem Text um ein geheimnisvolles Gespräch zwischen dem Erleuchteten und seinem Schüler Sariputra, in dem der Buddha ihm die alles übersteigende Weisheit erklärt. Da der Lama nur wenig Englisch sprach, klangen seine Formulierungen oft unbeholfen. Am Anfang dachte ich noch, dass sich in Holland niemand solch einen zusammenhanglosen Unsinn auch nur eine Stunde lang anhören würde.

Die Menschen aber, die den buddhistischen Lehren bereits länger gefolgt waren, fanden seinen Vortrag phantastisch. Sie waren regelrecht begeistert davon. Nach einiger Zeit begann ich seine Worte ebenfalls äußerst ansprechend zu finden. In der speziellen Atmosphäre dieses Unterrichts musste ich häufig lachen, insbesondere dann, wenn der Lama immer wieder über bestimmte, für ihn schwer aussprechbare Worte stolperte.

Schließlich krümmte ich mich selbst bei der einfachsten Geschichte vor Lachen. Lama Zopa erzählte uns auch aus seiner Kindheit, und ich musste lachen, als er sich selbst wegen seiner damaligen Undankbarkeit gegenüber seinen Eltern verurteilte. Es schien manchmal, als spräche er alles aus, was ihm gerade durch den Sinn ging, und dabei schaute er wie ein Lausbub durch die Gegend. Der amerikanische Meditationslehrer wies uns darauf hin, dass Lama Zopa sich beim Sprechen leiten ließ, um uns das zu sagen, was wir jetzt im betreffenden Moment bräuchten.

Wir begriffen, dass die buddhistische Lehre nicht mit dem Verstand zu erfassen ist. Im Gegenteil, wir mussten unseren Verstand aufgeben und Platz machen für ein alles übersteigendes intuitives Wissen. Die Geschichten dienten dazu, unseren Widerstand zu brechen und uns eines Tages im Nichts, im Nirwana, aufgehen zu lassen. Vielleicht, so dachte ich, würde die angestrebte Leere oder das Nirwana eines Tages von mir selbst entdeckt werden.

Mir schien sogar, dass ich nach einiger Zeit die Leere schon erfahren konnte. Nachmittags wurde in kleinen Gruppen über verschiedene Themen gesprochen. Die Anfänger konnten dann den erfahreneren Teilnehmern Fragen stellen. Wenn es um das Nirwana ging, waren die Antworten immer sehr vage. Das war absichtlich so, denn, so hieß es, über das Nirwana könne man nichts sagen; man könne es nur erfahren. Es könne sogar plötzlich über einen Menschen kommen. Vielleicht würde das geschehen, wenn man einen völlig gelösten Blick hätte, durch alles hindurchschaue und sich in dieser ganz anderen Perspektive der Realität verlöre.

So bemühte ich mich andauernd um diesen ganz besonderen Blick, und einmal – als ich, ohne etwas zu fixieren, in die Landschaft schaute – meinte ich, eine phantastische Erfahrung zu machen. Ein anderes Mal saß ich, versunken in tiefer Meditation, im Tempel, als auf einmal meine körperlichen Grenzen wegzufallen schienen und ich mir wie ein viel größeres Geistwesen vorkam. Das waren ganz sicher besondere Schritte, so dachte ich, auf dem Weg zur Erleuchtung. Kleine zwar, aber immerhin! ...

Der Humor und das feinsinnige Denken Lama Zopas sprachen mich mehr und mehr an. Auch die geheimnisvollen tibetischen Klänge, die wir sangen, weckten meine Neugierde. Manchmal durften wir tagelang nicht miteinander sprechen, damit wir nicht durch oberflächliches Gerede abgelenkt wurden und stattdessen entdeckten, wie wichtig es war, nach Erleuchtung zu streben.

Am Ende des Monats fanden einige feierliche Zeremonien statt. Eine von ihnen diente dazu, die persönliche Verbindlichkeit zu dem buddhistischen Weg auszudrücken. Jeder, der sich zum Buddhismus bekannte, rief folgende drei Sätze laut aus: «Ich nehme meine Zuflucht zu dem Buddha» (Buddha: das erleuchtete Bewusstsein, verkörpert in dem Religionsstifter); «Ich nehme meine Zuflucht zu der Dharma» (Dharma: die befreiende Lehre des Buddhismus) und «Ich nehme meine Zuflucht zu der Sangha» (Sangha: Gemeinschaft der buddhistischen Gläubigen).

Soweit ich mich erinnere, beteiligten sich alle Teilnehmer an dieser Zeremonie. Damit waren wir formell zu Buddhisten geworden. Diejenigen, die sich speziell mit den Lamas dieses Klosters verbunden fühlten, bekamen von ihren Lehrmeistern einen neuen

Namen. Ich gehörte ebenfalls dazu. Einer der Mönche überreichte mir ein Stück Papier mit dem für mich vorgesehenen Namen darauf. Er gefiel mir zwar nicht besonders, darum vergaß ich ihn schnell wieder. Aber von nun an fühlte mich in den Kreis der Buddhisten aufgenommen.

Hunderttausend Mantras für die grüne Tara-Göttin

Am Ende des Kursmonats waren alle Teilnehmer froh, den Hügel, auf dem das Kloster lag, verlassen zu können und eine warme Dusche und das leckere Essen in der Stadt zu genießen. Ich bekam jedoch eine starke Durchfallerkrankung und blieb als einziger der Kursteilnehmer im Kloster zurück. In fiebrigen Albträumen lag ich da und vermutete, dass ich die vielen neuen Eindrücke der vergangenen Monate darin verarbeitete. Es gab niemanden, der sich in dieser Zeit um mich kümmerte. Ich bin mir nicht einmal sicher, ob meine Anwesenheit überhaupt jemandem auffiel. Als es mir nach fünf Tagen allmählich besser ging, begann bereits der zweite Kurs, für den sich nur noch die wirklich eifrigen Schüler anmeldeten. Ich war fest entschlossen, alles mir Mögliche zu tun, um die Erleuchtung zu erreichen. Darum gehörte auch ich zu diesen Teilnehmern!
Zum tibetischen Buddhismus gehören Zeremonien und Rituale. So wird zum Beispiel ein Opferritual durchgeführt, um die Geister der Umgebung zu beruhigen oder zufrieden zu stellen. Eine andere Zeremonie wird dagegen abgehalten, um einen bestimmten Schutzsegen zu empfangen. Nur einige wenige Lehrmeister dürfen diesen Segen weitergeben. Es heißt, dass sie Tulkus sind, also Inkarnationen von früheren bekannten Lehrmeistern.

Im tibetischen Buddhismus nimmt man an, dass das geistliche Erbe einer Person sich auf die darauf folgende Inkarnation übertragen kann. So sollte auch Lama Zopa, der unsere Gruppe unterrichtete, die Inkarnation einer bekannten geistlichen Persönlichkeit sein. Darum hatte er einen Titel der Ehrerbietung erhalten: «Rinpoche» («Kostbarer»). Er hatte die Vollmacht, bestimmte Praktiken weiterzugeben.

Nachdem der zweite Meditationskurs einen Monat später abgeschlossen war, hielt der Lama für jeden, der daran interessiert war, eine Zeremonie ab, in der wir in die Praktiken der Verehrung und der Vereinigung mit der Tara-Gottheit eingeweiht wurden. Die Tara ist eine grüne weibliche Buddhafigur. Die Verpflichtung, die wir dazu erfüllen mussten, war eine zweiwöchige Meditation auf diese Gottheit hin und das hunderttausendmalige Aufsagen ihres Mantras. Ein Mantra ist eine bestimmte Klangform, die zur Ehre einer Gottheit ausgesprochen wird und Bewusstseins transformierend wirken soll.

Auch an dieser Einweihung nahm ich teil, denn eine weibliche Gottheit sprach mich sehr an. Eine göttliche Mutter, die mich mit ihrer Liebe umsorgte, erschien mir wunderbar. Das Verlangen nach einer weiblichen Gottheit drückt sich in verschiedenen Religionen aus. So stillen auch die Muslime in ihrer Verehrung für Fatima, die Lieblingstochter Mohammeds, und die katholischen Christen in der Verehrung Marias eine vergleichbare menschliche Sehnsucht nach einer göttlichen Mutter. Das Nachbarmädchen in Holland, das mir den Weg zum tibetischen Buddhismus gezeigt hatte, stammte aus einer katholischen Familie, und es schien mir, dass der Schritt, den sie von dort aus zum tibetischen Buddhismus getan hatte, für sie wahrscheinlich gar nicht so groß gewesen sein musste. Die beiden Religionen ähnelten einander in der Ausführung bestimmter Praktiken und in der Verwendung gewisser Gegenstände, wie etwa im Läuten kleiner Glöckchen oder im Gebrauch von Weihrauch.

Während der folgenden zweiwöchigen Retraite begannen wir jede Sitzung gemeinsam, indem wir laut einige Gebete zu Ehren der friedlichen, mütterlichen grünen Tara aufsagten. Alle Gebete waren genau vorgeschrieben. Dann sprachen wir die Anweisungen der Sadhanas, der vorgeschriebenen Meditationstexte, über das Einswerden mit der Taragottheit. So stellten wir uns zum Beispiel vor, wir sähen selbst so aus wie die Tara und seien auch grün.

Zum Schluss sollte jeder still in seiner eigenen Geschwindigkeit das Mantra vor sich hin rezitieren, in dem Bewusstsein, er oder sie sei selbst diese Gottheit. Dabei zählten wir die Anzahl unserer Mantras auf einer Gebetskette mit einhundertacht Perlen ab. Wenn man mit der Gebetskette einmal fertig war, galt das für hundert Mantras. Die zusätzlichen acht Perlen waren eine Zugabe für eventuelle Fehler oder ein unachtsames Aufsagen des Mantras.

Ich hatte den Eindruck, dass ich meistens mehr als nur acht Fehler machte. Oft schweiften meine Gedanken ab. Manchmal dachte ich voller Heimweh an ein leckeres Essen bei uns zu Hause, ein anderes Mal wieder an eine hübsche Freundin. Immer wieder musste ich mich neu auf die Sache konzentrieren. Den anderen schien es genauso zu gehen. Allerdings sollten wir uns auch wieder nicht zu viel Stress machen, denn in einer verbissenen Haltung öffnete man sich nicht für die intuitive Weisheit der Göttin ...

Als ich schließlich nach zweieinhalb Monaten Rückzug ins Klosterleben und täglichen stundenlangen Meditationen mit ein paar anderen Teilnehmern ins Tal hinunter in die Stadt lief, kam es mir vor, als schwebte ich einen halben Meter über dem Boden. Ich fühlte mich so, als wäre ich high, aber völlig ohne entsprechende Hilfsmittel, ohne jede Drogensubstanz. Bei jedem Anbetungsplatz verneigten wir uns und brachten kleine Opfergaben dar. Vor dem Stupa, auf den die Augen des Buddha gemalt waren, opferten wir viele Kerzen. Nun umrundete auch ich dieses Monument im Uhrzeigersinn und mit der Überzeugung, dass damit mein Karma verbessert würde.

Am liebsten wäre ich im Kloster geblieben, um dort noch lange zu meditieren. Einige Menschen aus dem Westen waren hier bereits Mönche oder Nonnen geworden und liefen in den dunkelroten Klostergewändern umher. Da ich radikal zu Extremen neigte und zielgerichtet nach Erleuchtung strebte, war auch ich für den Preis meiner völligen Hingabe bereit, Mönch zu werden. In mir war ein tiefes inneres Verlangen, ein Zeichen für meine Zukunft zu bekommen.

Eines Abends hielt ich mich, zusammen mit einer jungen Frau aus Australien, bei dem Tara-Standbild auf, welches mitten auf dem Gelände etwas unterhalb des Tempels stand. Es war schon dunkel. Wir liefen um das Standbild herum, so wie es bei den Tibetern üblich ist, und murmelten Tara-Mantras vor uns hin. Plötzlich kam Lama Zopa mit einer spanischen Nonne aus dem höher gelegenen Tempel auf uns zu. Ich hatte bereits ein paar Mal eine kurze Begegnung mit ihm gehabt, war aber vor Ehrfurcht immer so schüchtern gewesen, dass ich nicht gewusst hatte, wie ich reagieren und mich verhalten sollte. Jedes Mal hatte er nach meinem

Namen und meiner Gesundheit gefragt. So geschah es auch diesmal.

Inzwischen war ich jedoch auf diese Situation vorbereitet, und ich spürte in mir eine magische Ruhe. Darum antwortete ich lachend, all dies habe er mich bereits früher gefragt. Daraufhin lachte auch er, wie ein kleiner Junge, der bei einem Streich ertappt wird. Dann sagte er ein paar Worte zu der Nonne, die neben ihm stand. Sie bat mich daraufhin, die Tür des Tempels zu schließen, da sie es vergessen hätten.

Ich erinnere mich noch gut daran, wie ich die Stufen der hohen steilen Treppe hinaufstieg, zum Tempel ging und die schwere eiserne Tür schloss. Wieder unten angekommen, begrüßte ich nochmals voll Ehrfurcht den Lama, der noch mit dem australischen Mädchen gesprochen hatte und nun auf dem Weg zu seiner Wohnung war, die sich im Tempelgebäude befand, jedoch einen anderen Eingang hatte. Diese einfachen Begegnungen und das Schließen der Tempeltür hatten für mich symbolischen Wert und führten zu einer inneren Gewissheit, dass ich *nicht* Mönch werden müsse. Das, was ich suchte, war nicht in einem Tempel zu finden, sondern sollte mitten in der Welt entdeckt werden!

Reinigung, Opfer und gutes Karma

Im Nachhinein denke ich, ich hätte nach dieser Anweisung eigentlich direkt nach Hause fahren können. Aber immer noch war ich besessen von dem Wunsch, die Erleuchtung zu erlangen. Darum verließ ich Nepal und reiste zurück nach Indien, diesmal nach Bodh-Gaya. Für Buddhisten der ganzen Welt ist dies ein heiliger Ort. Hier erlangte der Königssohn Gautama etwa 500 v. Chr., unter einem Bodhi-Baum sitzend, nach fünfjährigem intensiven Suchen die Erleuchtung und erhielt den Titel eines Buddha (Erwachter oder Erleuchteter). Noch immer steht an dieser Stelle ein großer, kräftiger Bodhi-Baum, der allerdings aus dem Samen des ursprünglichen Baumes gewachsen sein soll.

Neben dem Baum steht ein hoher, turmähnlicher Sandsteintempel. Das ist der Haupttempel des Ortes, und in ihm befindet sich eine große Buddhastatue. Rund um diesen Tempel gibt es noch viele andere Monumente von Menschen, die auf dem Weg des

Buddha zu großen Erkenntnissen gekommen sind. Das Ganze sieht aus wie eine Art Friedhof, auf dem anstelle von Kreuzen verschiedene Buddhastatuen und Stupas zu sehen sind.

Vor dem Eingang des ummauerten Geländes saß täglich eine Horde Bettler, die laut schreiend und zum Teil auch aggressiv ihre Hoffnung auf die Gutherzigkeit der buddhistischen Pilger zum Ausdruck brachten. Die Bettler waren Unberührbare, die unter ihren eigenen Landsleuten solch eine Verhaltensweise nicht gewagt hätten. Sie erhofften sich Hilfe von den buddhistischen Pilgern, da sie wussten, dass diese wie auch ihr Stifter das hinduistische Kastensystem verwarfen.

Einige geschäftstüchtige Inder hatten Wechselstände aufgebaut und boten Kleingeld an, damit die Pilger Almosen verteilen konnten, um damit ihr Karma zu verbessern. Andere fingen im Teich des Tempelgeländes ein paar Goldfische, zeigten sie den Tibetern und drohten, die Tiere zu töten, wenn die Pilger nicht bezahlen würden. Nach dem Glauben der Tibeter war es in der Tat möglich, dass gerade diese Fische eine Inkarnation eines vormaligen Lamas sein konnten. Darum gaben sie Geld, gingen mit zum Teich und entließen die Goldfische wieder «in die Freiheit».

Neben dem Haupttempel ist in Bodh-Gaya aus jedem buddhistischen Land ein Tempel zu finden. Von überall her kommen die Pilger, um ihre Opfer zu bringen, sich durch bestimmte Übungen zu reinigen oder durch andere Taten ein gutes Karma zu schaffen, welches für das Erreichen der Erleuchtung notwendig ist. Reinigung, Opfer und gute Werke löschen zwar persönliche Schuld und ein schlechtes Karma der vorherigen Leben nicht aus, schaffen jedoch gutes Karma. Die Niederwerfungen dienen den Pilgern zum Beispiel dazu, sich vor den Buddhas zu beugen, die ihnen helfen können, erleuchtet zu werden. Wenn auch der Zustand der Erleuchtung, der seinen Ausdruck in dem Wort Nirwana findet, ein Aufgehen in einer Art kosmischem Nichts ist, sollen die bereits erleuchteten Meister in ihrer allwissenden Energie doch trotzdem anwesend sein, um denjenigen zu helfen, die ebenfalls die Erleuchtung anstreben. Diese Auffassung wird von den tibetischen Buddhisten geglaubt, die die Mahayana-Lehren annehmen. Die Hinayana-Buddhisten aus Thailand, Birma, Sri Lanka und anderen Ländern lehnen dagegen diese Lehren ab, da sie nicht von dem Religionsstifter Gautama stammen.

Wenn ich selbst auch nicht genau wusste, welches denn nun meine Schuld und meine negativen Taten waren, so war ich doch davon überzeugt, dass ich mich reinigen musste. Natürlich beschloss ich, mich ähnlichen Übungen zu unterwerfen wie die Pilger. Neben dem Verteilen von Opfergaben entschied ich mich, tägliche Niederwerfungen zu vollziehen. Hierzu war es nötig, sich so oft wie möglich auf einem glatten Holzbrett ausgestreckt auf sein Angesicht zu werfen und dabei ein bestimmtes Gebet zu sprechen. Die Übung sollte in der Nähe des Tempels geschehen, weil dort die meisten Buddha-Energien waren.

Da es gegen Ende Februar in diesem kleinen Ort in der Mitte Indiens schon sehr heiß wird, kam mir die Idee, die doch sehr anstrengenden Übungen in die Nacht zu verlegen. Das Tempelgelände war allerdings während der Nacht geschlossen. Ich kletterte aber jeden Abend über die hohe Mauer, um mich bis zum frühen Morgen viele Male auf das Holzbrett zu werfen. In der Dunkelheit kam es mir hier jedoch recht unheimlich vor. Besonders unangenehm wurde es aber bei der Morgendämmerung, wenn die Mücken erwachten und so richtig aktiv wurden. Nach drei Wochen hatte ich mich 60 000-mal niedergeworfen und war dünn wie eine Spargelstange. Das einfache indische Essen in dem thailändischen Ashram, in dem ich wohnte, war nicht besonders nahrhaft, und durch die große Hitze des Tages fand ich einfach nicht genug Schlaf. Ich war regelrecht ausgemergelt.

Einmal fragte mich ein deutsches Mädchen, das sich auch in dem thailändischen Ashram aufhielt, warum ich so viel für meine Religion tue. Es gelang mir nicht, ihr eine ausreichende Antwort zu geben. Fast jeder der dort anwesenden westlichen Menschen folgte seinen eigenen Ideen auf dem Weg zur Erleuchtung. Viele sahen ziemlich verwahrlost aus. Sie versuchten, durch den Buddhismus und das einfache Leben in Indien den erstarrten christlichen Traditionen und dem Leistungsdruck der wohlstandsorientierten Gesellschaft zu entfliehen, ohne jedoch zu merken, dass sie sich in ihrer Ausübung religiöser Praktiken unter einen neuen Leistungszwang begaben.

Eines Tages sprach es sich herum, dass ein angesehener Lama im Tibethaus in der Weltstadt Delhi eine Woche lang wichtige Lektionen halten würde. So brach ich zur gleichen Zeit wie viele andere westliche Menschen auf, in der Hoffnung, von diesem Lama einen besonderen Segen zu empfangen. Dieser achtzigjährige Meister, Ling Rinpoche, war sogar einer der Lehrmeister des Dalai Lama, weswegen er besonders hoch angesehen war.

Während dieser Woche schien der Segen dieses Mannes jedoch an mir vorbeizugehen. Von seinen Lehren begriff ich kaum etwas. Die Hektik und der Lärm der Stadt machten mich nervös. Mit einigen anderen jungen Buddhismus-Anhängern zusammen wohnte ich in einer billigen Unterkunft mitten in der Stadt.

Ein wenig Sorgen machte ich mir auch über meine körperliche Verfassung. Ich wurde immer dünner, obwohl ich regelmäßig und viel aß. Am Ende der Woche in Neu-Delhi hörte ich dann von einer besonderen Einweihung in der nordindischen Stadt Dharmsala, in der ich bereits gewesen war. Ich hoffte, die Einweihung in vertiefende Praktiken würde mir die Tür zur wahren Befreiung öffnen. Denn obgleich ich nach innerer Ruhe und Harmonie strebte, fühlte ich mich in Wirklichkeit mehr und mehr gejagt. Es kam mir inzwischen so vor, als würde ich von etwas getrieben, was nicht mehr aus mir selbst kam.

Das Bild der roten Tantra-Göttin

Zu meiner Freude wurde diese Einweihung von Lama Zopa abgehalten, den ich bereits bei meinem ersten Meditationskurs in Nepal kennen gelernt hatte. Zusammen mit Lama Yeshe hatte er in Katmandu und in Dharmsala ein Meditationszentrum aufgebaut. Dank ihrer Bereitschaft, auf Englisch zu unterrichten, hatten sie vor allem westliche Schüler und damit natürlich finanzielle Unterstützung für den Aufbau dieser Zentren gefunden.

Mit der Meditation auf die grüne Tara-Gottheit hatte ich eine der einfacheren tantrischen Praktiken kennen gelernt, hier aber wollte ich eine höhere Stufe erfahren. Tantra ist ein kompliziertes Lehrsystem, mit dem man durch die Einsetzung von bestimmten Philosophien, Visualisierungen und Praktiken auf dem schnellstmöglichen Weg zur Erleuchtung gelangen kann. Die Tantra-Philosophie ist eine Lust bejahende Lebenseinstellung, die weltliche Genüsse als Mittel auf dem Weg zur Erleuchtung mit einbezieht. Bei den Visualisierungen stellt man sich eine übersinnliche Sphäre mit Buddhafiguren im Mittelpunkt vor. Bei den Praktiken geht es darum, durch die Sadhanas (bestimmte Vorschriften über Meditationsform, Visualisationsart und Mantravokalisation) in tiefer Vereinigung mit der zentralen Gottheit die Erleuchtung zu erlangen.

Am Vorabend des Einweihungsbeginns hielt Lama Zopa eine strenge Rede. Während eines unheilverkündenden Gewitters, als starke Regenschauer auf das Blechdach des Zentrums prasselten, warnte er vor dem Missbrauch dieser hohen Tantra-Praxis. Es sollten nur Personen teilnehmen, die überzeugt seien, die Verpflichtung einer späteren zweimonatigen Retraite und des damit verbundenen vierhunderttausendmaligen Aussprechens des Mantras der Tantra-Göttin ernsthaft eingehen zu können.

Er machte klar, dass es sich hier nicht um eine niedrigere Tantra-Praxis handle wie bei der friedlichen, mütterlichen grünen Tara-Göttin, sondern um die rote Vajra-Yogini-Göttin, die eine aggressive, blutrünstige und sexuelle Ausstrahlung hat. Aufgrund dieser Warnung verließen tatsächlich einige Teilnehmer das Zentrum. Ich ließ mich jedoch nicht abschrecken, da es ja hieß, diese Tantra-Meditationen seien eine Abkürzung auf dem Weg zur Erleuchtung. Bis jetzt fand ich den Weg doch ziemlich mühsam, und so kam mir eine Abkürzung sehr gelegen.

Unser Lehrmeister legte uns die Tantra-Praktiken aus. Bis ins Detail wurde uns erklärt, was wir uns während der Meditationen vorstellen sollten. Als Hilfe zur Entwicklung unserer Vorstellung war vorne im Unterrichtsraum ein Standbild dieser weiblichen Buddhafigur aufgestellt. Da Lama Zopa ein keuscher Mönch war, hatte er den nackten Körper des Bildes mit einem Tuch umkleiden lassen. Das Bild dieser feurigen Gottheit musste in allen Einzelheiten vor unserem inneren Auge erscheinen, so dass wir sie ganz und gar verinnerlichen konnten, um letztendlich so wie diese brillante Erscheinung zu werden.

Im Bewusstsein dieser Verinnerlichung durfte sich ein göttlicher Stolz in uns entwickeln, während im Allgemeinen der Stolz im Buddhismus abgelehnt wird. Außerdem wurde gesagt, dass diese hohen tantrischen Übungen eine Befreiung vom zwingenden Umgang mit Essen, Trinken, der Sexualität und anderen weltlichen Notwendigkeiten mit sich bringen würde. Es wäre sogar möglich, den weltlichen Genuss mit einzubeziehen, um ihn dann in positive Energie zu transformieren. Dies sprach natürlich die meisten westlichen Menschen sehr an: schnell erleuchtet zu werden, ohne den weltlichen Genuss entbehren zu müssen.

Trotz der Aussichten auf Erleuchtung in Verbindung mit einem angenehmen Leben ließ ich mich nicht auf die Beziehung zu einem deutschen Mädchen ein, das auch an den Initiationen teilnahm und sich offenbar in mich verliebt hatte. Ich befand mich auf dem steilen Pfad zur Erleuchtung, auf dem ein Partner ein störender Faktor war.

Nach diesem anstrengenden Kurs wollte ich meine Ruhe haben, was in Indien allerdings nur sehr schwer möglich ist. Als ich hörte, dass in der Stadt Dehra Dun, wo sich auch das Nachbarmädchen aus Holland aufhielt, erneut ein wichtiger Lama unterrichtete, entschloss ich mich, dorthin zu gehen. Vielleicht bestand an diesem Ort die Möglichkeit, beides zu verbinden: mein Bedürfnis nach Ruhe und die Pflicht, die Gemeinschaft mit denjenigen zu pflegen, die ebenfalls auf dem Weg waren. Denn auf diesem Weg waren gemäß der Lehre des Buddha nicht nur das erleuchtete Bewusstsein (der Buddha) und die Heilige Lehre (Dharma) von Bedeutung, sondern auch die Gemeinschaft der Nachfolger Buddhas (Sangha).

Der Unterricht fand in einer großen englischen Villa statt, die von einigen Menschen aus dem Westen gemietet worden war, um dort intensive Praktiken auszuüben. Mein holländisches Nachbarmädchen lebte ebenfalls in diesem Haus. Sie wollte sich ganz den Lehren und der Meditation hingeben und hatte sich vorgenommen, drei Jahre lang dort zu bleiben. Als ich sie nach ihren Praktiken fragte, hob sie die Schultern, um anzudeuten, dass man über diese geheimen Dinge nicht sprechen könne. Sie hatte jedoch auch gelernt, nicht allzu verbissen zu sein. Darum lud sie mich manchmal ein, mit ihr in die Stadt zu gehen, um indische Pfannkuchen zu essen und Zigaretten zu rauchen. Wir saßen dann in einem Tea-Shop und unterhielten uns über Banalitäten des Lebens.

Es gab viele unterschiedliche Meinungen über den Weg zur Erleuchtung. Besonders bei den Suchenden aus dem Westen lagen die Ansichten weit auseinander. Im Austausch darüber war ein gewisser Druck spürbar, da jeder das Bedürfnis hatte, so weit wie möglich voranzukommen.

Die Tibeter selbst schienen nicht unter diesem Prestigedruck zu leiden. Die Lehrer meditieren von Kindheit an täglich und sind daran gewöhnt, mit philosophischen Fragen umzugehen. Darum lachten sie oft, wenn wir mit unseren kleingeistigen Fragen zu ihnen kamen, und ermutigten uns, das alles nicht zu ernst zu nehmen. Sie meinten, die vielen Praktiken seien nur Hilfsmittel auf dem Weg zur Buddhaschaft. Trotz dieser tröstenden Worte hielt ich die Tantra-Praktiken für besonders wichtig, da sie einen schnelleren Weg zur Erleuchtung anboten.

Es war schon Anfang Juni, als ich mich auf die Heimreise begab. Meine Eltern wollten ihren fünfundzwanzigsten Hochzeitstag feiern, und da es auch im Buddhismus heißt, man soll seine Eltern ehren, wollte ich ihnen eine Freude machen. Mein Eifer, ein Buddha werden zu wollen, war jedoch nach wie vor nicht zu bremsen. Ich nahm mir fest vor, nach Indien zurückzugehen.

Als Buddhist auf dem elterlichen Bauernhof

Reichlich abgemagert kam ich in Holland an und erlebte meinen zweiten Kulturschock. Die äußere Ordnung schien im Gegensatz zu der inneren Unruhe und dem Getriebensein der Menschen zu stehen. Meine Eltern, Freunde und Bekannten waren sehr erschrocken, als sie mich sahen. Sie bekamen von mir nicht viel über meine geheimen Meditationspraktiken zu hören. Der Grund lag darin, dass es hieß, nur wenn das Karma einer Person reif wäre, würde sie sich auch automatisch für die buddhistische Lehre öffnen. Darum bestehe auch keine Notwendigkeit, ihr diese Lehre zu verkündigen. Die Kraft des Buddhismus solle in der inneren Veränderung liegen, wo die Buddha-Natur versteckt ist. Der äußere Mensch sei nur Schein, und die wirkliche Erneuerung spiele sich innen ab. Die Erleuchtung geschieht also von innen nach außen. Aufgrund dieser Gedanken lebte ich in dem Wahn, niemand könne meine innere Veränderung sehen.

Mein buddhistisches Denken passte nur noch in geringem Maße zu der Lebensweise der westlichen Welt. Das wurde schon in meinem engsten Umfeld spürbar: Mein Vater musste als Landwirt natürlich für einen guten Ernte-Ertrag sorgen. Dazu gehörte seiner Meinung nach auch das Einsetzen starker Spritzmittel gegen den Befall von Insekten. Ich hatte in Nepal gelernt, dass Tiere möglichst nicht getötet werden durften, denn das würde zu einem schlechten Karma führen. Selbstverständlich teilte ich Vater meine große Besorgnis über sein schlechtes Karma mit und lehnte es strikt ab, ihm bei dieser Aufgabe zu helfen.

Überhaupt ging nur wenig Freude von mir aus. Der buddhistische Leitsatz «Das Leben ist Leiden» hatte sich in mir festgesetzt und bestätigte sich nur allzu oft. Wieder flüchtete ich, wie ich es auch als Kind getan hatte, in eine geistige Abwesenheit. In Träumen und Meditationen wähnte ich mich bereits in einem erleuchteten Zustand. Als eines Tages ein Freund vorbeikam, der mit mir den Meditationskurs in Nepal besucht hatte, erzählte er meinen Eltern ausführlicher von unseren Erfahrungen. Währenddessen hatte ich mich zu «Wichtigerem» zurückgezogen. Mein Vater weiß heute noch darüber zu berichten, wie er mich nach einiger Zeit suchte und mich schließlich «in stiller Meditation, völlig abgehoben von der Welt» in meinem Zimmer vorfand.

Ich beschloss, mein Studium aufzugeben, kündigte mein Zimmer in Nimwegen und verschenkte oder verkaufte all die unnötigen Gegenstände. Während der Sommermonate arbeitete ich auf dem Hof meiner Eltern. Insgeheim bereitete ich mich schon auf die nächste große Reise vor. Eines Abends, als ich von unserer Terrasse aus gerade einen herrlichen Sonnenuntergang beobachtete, kam mein Vater etwas zögernd auf mich zu. Er setzte sich zu mir und fragte vorsichtig nach meinen Zukunftsplänen. Ich teilte ihm mit, wieder nach Indien gehen zu wollen. Daraufhin bot er mir an, mir einen Teil meines Erbes auszuzahlen, damit ich meine Pläne verwirklichen könne. In unserer Familie wurde zu diesem Zeitpunkt nur sehr wenig miteinander kommuniziert. Umso mehr erstaunte es mich, wie sehr Vater die Ernsthaftigkeit meiner Situation erkannt hatte. Trotzdem wies ich sein Angebot zunächst einmal zurück, denn ich erinnerte mich daran, dass der

Materialismus auf dem Weg zur Erleuchtung eine Blockade sein konnte.

Für meine Eltern war meine magere, abwesende Erscheinung sicher nicht leicht zu verkraften. Trotzdem versuchten sie, sich mit den Hintergründen des Buddhismus zu befassen. Ich hatte in Indien für sie eine Tanka, ein buddhistisches Bild aus Brokatstoff, herstellen lassen. Auf diesem Bild war eine Darstellung des zukünftigen, noch zu erwartenden Buddha Maitreya zu sehen. Dieser Buddha sitzt auf einem Stuhl, seine beiden Beine stehen aber auf dem Boden, um anzudeuten, dass er bereit ist, aufzustehen und zu kommen. Dieses farbenfrohe Kunstwerk erhielt im Wohnzimmer meiner Eltern einen Ehrenplatz. Auf diese Weise hielt der Buddhismus Einzug in ihr Haus. Ein Jahr später ging auch meine Schwester nach Indien und wurde Buddhistin.

Der Buddhismus im Westen: Genuss und Weltlichkeit

Im Südwesten Hollands war inzwischen auch ein tibetisch-buddhistisches Zentrum gegründet worden, und zwar in einem alten Herrenhaus in einem Dorf in der Nähe von Rotterdam. Es überraschte mich, dass dieses Zentrum Maitreya-Institut hieß. Die gleiche Tanka, die ich meinen Eltern geschenkt hatte, hing im Tempelraum des Instituts. Ein tibetischer Schriftgelehrter, ein so genannter Geshe, und ein paar holländische Mönche und Nonnen wohnten dort. Als ich das Zentrum an einem öffentlichen Meditationstag besuchte, wurde ich in ihrem Kreis sofort als Buddhist angenommen. Stolz konnte ich meine Erfahrungen in Indien dadurch erkennen lassen, dass ich nun ohne Probleme eine halbe Stunde bewegungslos in Meditationshaltung verharren konnte. Das schafften nur wenige.

Die Leiter des Zentrums berichteten mir von einer drei Wochen dauernden Retraite, die von einem tibetischen Lehrer in Frankreich abgehalten würde. Dieser Lehrer, Sogyal Rinpoche, gehörte einer anderen Schule des tibetischen Buddhismus an.

Spontan entschloss ich mich, an dieser Retraite teilzunehmen, und trampte nach Frankreich. Die Zusammenkunft von etwa zweihundert Interessierten fand in einem alten Schloss in einem Vorort von Paris statt. Der ursprüngliche Kirchsaal war durch eine Fülle von tibetischen Tüchern, speziellen Tankas und Buddhastatuen zu einem buddhistischen Tempel umfunktioniert worden. In einem kleinen Schrein befand sich angeblich eine kraftvolle Reliquie eines Zahns des Buddha. Der gewölbte Saal hatte die magische Sphäre eines tibetischen Tempels bekommen. Gegessen wurde in den Kellergewölben und geschlafen in den unterschiedlichen Schlosssälen.

Die Menschen kamen aus vielen verschiedenen Ländern. Den ersten Schock bekam ich, als ich merkte, dass Männer und Frauen nicht nur im selben Saal, sondern auch oft miteinander im selben Bett schliefen. In Indien waren Männer und Frauen bei solchen Kursen strikt getrennt untergebracht, und es wurde darauf hingewiesen, dass sexuelle Kontakte zu Ablenkungen führten und somit nicht erlaubt waren. So beschloss ich, mich von meinem Umfeld auch nicht ablenken zu lassen und gleichzeitig meine erlernten Praktiken weiter auszuüben.

Der tibetische Lehrer, der fließend Englisch sprach, weil er in England wohnte und dort ein Universitätsstudium absolviert hatte, schien mir auch ein wenig weltlicher zu sein als die Lehrer in Indien. Er war ein molliger, kleiner Mann mit Brille und unverheiratet. Offensichtlich interessierte er sich sehr für hübsche, junge weibliche Wesen. Als mir dann eine junge Frau von seinen Annäherungsversuchen erzählte, wollte ich ihr erst gar nicht glauben. Sogyal Rinpoche war für mich ein Lehrmeister, und über einen Lehrer wollte ich nichts Negatives hören. Er musste geehrt werden, weil er die heilige Lehre des Buddha verkündigte. In Indien wurde gelehrt, dass die Ehrfurcht vor dem Guru, den heiligen Schriften und vor dem Volk, welches nach Erleuchtung strebt, bewahrt werden muss.

Sogyal Rinpoches Unterricht war interessant. Seine Beispiele waren weltlicher und für den europäischen Menschen daher eher verständlich. Es ging um das Tibetische Totenbuch. Mit viel Humor versuchte er, uns die zum Teil Furcht erregenden Beschreibungen in diesem Buch nachvollziehbar zu machen. Seine Lehre unterschied sich sehr von derjenigen, die ich bisher gehört hatte. Aber ich wusste, auf dem Weg zur Erleuchtung musste man flexibel sein und wissen, dass alle Lehren helfen. Für die meisten Kursteilnehmer war diese Retraite eher eine interessante «Weiterbildung». Sie waren noch nie in Indien gewesen und hatten den Ernst der buddhistischen Praktiken noch nicht kennen gelernt. Als einziger meditierte ich frühmorgens und aß dann am Abend nicht, um mich noch anderen Übungen zu unterziehen.

Am Ende dieser drei Wochen erschien ein hübsches französisches Mädchen, das eine gewisse Ähnlichkeit mit dem blond gelockten Mädchen hatte, das ich auf meiner Reise nach Südamerika in Brasilien so sehr verehrt hatte. Joëlle war jedoch keineswegs so zurückhaltend wie jenes Mädchen, sondern nahm ganz direkt Kontakt zu mir auf. Sie sprach auch so viel Englisch, dass wir uns gut unterhalten konnten. Besonders am letzten Abend, an dem ein Fest mit Alkohol und Musik stattfand (was in Indien unmöglich gewesen wäre), wollte sie unbedingt mit mir zusammen sein. Allmählich begann auch ich aufzutauen, und die vielen strengen Lehren und Praktiken, die mich im Griff hatten, verloren nach und nach ihre Macht über mich. Die Nacht wollte ich jedoch trotzdem nicht mit Joëlle verbringen.

Einen Tag später siegte aber dann das Verliebtsein doch, und ich verbrachte die folgende Woche mit Joëlle in ihrer Wohnung in Paris. Sie hatte wie ich Psychologie studiert und war fasziniert von meinen Geschichten. Ich erzählte ihr alles, was ich in Indien erlebt hatte. Es schien mir, als ob mein Herz inzwischen schier versteinert war. Aber in dem unerwarteten Vertrauen, das wir zueinander hatten, taute ich langsam wieder auf. In mir regte sich ein neues Gefühl für Erfahrungen, vor denen ich in den vergangenen Monaten geflüchtet war, zum Beispiel Zärtlichkeit. Ich beruhigte mein aufkommendes schlechtes Gewissen, indem ich mich an die Aussagen bestimmter Lehrer erinnerte, die der Meinung waren, der Genuss von weltlichen Dingen könne in die tantrische Lehre mit einbezogen werden.

Manjushri, das Medium Iris und der Guru Ling Rinpoche

Trotz dieses intensiven Erlebnisses kam mein Drang, auf dem Weg des Buddhismus Fortschritte zu machen, längst nicht zum Stillstand. Darum entschied ich mich, nach England weiterzureisen. In der geographischen Mitte des Landes, im Lake District, gab es in einem alten Schloss ein großes buddhistisches Zentrum. Bei meiner Ankunft strahlte der Abendhimmel in wunderbaren roten Farben. Die buddhistische Lehre weist auf das Beachten von Zeichen hin. So deutete ich den leuchtenden Himmel als ein besonderes Omen und hoffte, hier würde etwas Wesentliches für meine Erleuchtung geschehen.

«Zufällig» fand auch hier durch den am Ort wohnenden tibetischen Lehrer eine Einweihung für die Tara-Gottheit statt. Der kleine, hagere, sehr sanftmütige Mann, der den Titel eines Geshe trug, schien mir ein Vorbild für Demut zu sein. Er war ein aktiver Meditationsmeister. Er setzte seine Bemühungen auf das Erlangen von intuitiver Weisheit. Deswegen war dieses Zentrum nach Manjushri, dem Buddha der Weisheit, benannt. Durch diesen Lehrer wurde ich neu inspiriert. Täglich saß ich in wunderbarer meditativer Abwesenheit im Schlafraum der Männer.

Mein Erleuchtungswahn wurde jedoch eines Tages durch eine kleine holländische Frau mit kurzen rötlich-blonden Haaren gestört, die sich ebenfalls in diesem Zentrum aufhielt. Iris trug Jeans und eine Jacke aus einem farbig umrandeten tibetischen Stoff. Sie war schon seit einigen Jahren Buddhistin und wurde nun, wie sie sagte, von ihrem tibetischen Lehrmeister aus Indien telepathisch begleitet. Ihre spirituellen Begleiter hatten sie auf mich aufmerksam gemacht.

Es stellte sich heraus, dass ihr Lehrmeister der alte Lama Ling Rinpoche war, an dessen Unterricht ich in Neu-Delhi teilgenommen und von dessen Lehre ich nichts verstanden hatte. Obgleich diese Frau einen etwas verwirrten und hektischen Eindruck machte und mir schon bald die befremdende Geschichte ihrer Kindheit erzählte, machte mich ihr Kontakt mit diesem Lehrmeister neugierig. Er schien in der Hierarchie der Lamas einen besonderen Rang zu haben, denn sein Foto hing sogar hier in England an einem sehr hohen Platz über dem Altar.

Im tibetischen Buddhismus ist ein persönlicher Guru unentbehrlich. Darum war ich auf der Suche nach einem solchen Lehrer. Der Wunsch und die Hoffnung kamen nun in mir auf, dass dieser Lama mich vielleicht als seinen Schüler akzeptieren würde. Schon nach kurzer Zeit wurde meine Hoffnung Wirklichkeit. Iris empfing von ihm telepathisch die Nachricht, er wolle mein Guru sein. Mein Plan war ja ursprünglich gewesen, nach Indien zurückzugehen, um dort meinen persönlichen Guru zu suchen und seine Anweisungen zu empfangen. Nachdem ich etwa zwei Wochen mit Iris zusammen war, erklärte sie mir jedoch, dass der Guru die Reise nicht für nötig hielt, denn er könne seine Anweisungen an mich telepathisch durch sie weitergeben.

Therapeutische Beziehungsarbeit unter telepathischer Führung
Iris führte allerlei therapeutische Gespräche mit mir. Sie hatte in ihrer Kindheit ungewöhnlich schwere Traumata erlebt und brauchte im Grunde selbst Hilfe. Einerseits suchte sie nach dieser Hilfe, um Heilung zu erfahren, andererseits hatte sie aber auch das Bedürfnis, anderen Menschen durch ihre medialen Fähigkeiten zu helfen. Es war wie Macht und Ohnmacht zur selben Zeit. Als kleines Kind war Iris sowohl auf spirituellem als auch auf sexuellem Gebiet missbraucht worden. Ihre Eltern waren im Okkultismus verstrickt, und sie war der Situation hilflos ausgeliefert gewesen. Das sollte offensichtlich jetzt nicht wieder geschehen. Sie hatte sich mit Hilfe von buddhistischen Lehren viel Wissen angeeignet und ging seit Jahren zu alternativen Heilern und Therapeuten.

Um ganz frei für ihren persönlichen Heilungsprozess zu sein, hatte sie ihre Arbeit als Lehrerin am Gymnasium aufgegeben. Hilfe, um ihr Leben zu bewältigen, bekam sie aber hauptsächlich durch die Anweisungen geistlicher Führer, mit denen sie in telepathischem Kontakt stand. Diese Führer nannten öfter ihre Namen: Ling Rinpoche, der Dalai Lama, Padmasambhava und Tara. Sie sagten ihr zum Beispiel genau, wie sie sich bestimmten Menschen und Situationen gegenüber verhalten musste, was sie essen oder einkaufen oder wohin sie reisen sollte. Sie gaben ihr auch Informationen über Menschen, die sie traf.

Iris hatte sich mit dem Buddhismus, den Lehren Bhagwans, der Anthroposophie und des New Age befasst. Ihr buddhistisches Glaubensleben war, wie ich es bei den meisten Europäern feststellte, eine Mischung aus vielen verschiedenen Richtungen. Ihr Ziel war nicht nur die Erleuchtung; sie wollte auch ein Medium für die Lehrmeister sein. Zu diesem Zweck war es notwendig, dass alle inneren Blockaden, wie beispielsweise noch nicht verheilte Verletzungen, aus dem Wege geräumt wurden. Erst dann konnte der Guru frei durch sie sprechen.

Im tibetischen Buddhismus ist das Ausüben von Barmherzigkeit ein wesentlicher, für das Erlangen der Erleuchtung geradezu erforderlicher Faktor. Dieses so genannte «Bodhisattva-Ideal» beinhaltet den Wunsch, andere Wesen von ihren Leiden zu befreien. Mein Freiheitsdrang und meine vielen Alleingänge hatten von mir eine gewisse Unbarmherzigkeit gefordert. Doch ich hoffte, die Eigenschaft der Barmherzigkeit nun in mir entwickeln zu können, denn ich wusste, dass ich auf diesem Gebiet noch eine Menge zu lernen hatte.

Somit war ich bereit, Iris zu helfen. Dafür war es jedoch notwendig, in eine umfassende Beziehung mit ihr einzusteigen. Obwohl sie viel älter war als ich und außerdem nicht so sehr mein Typ, ließ ich mich auf diese Beziehung ein, denn ich war der Meinung, das sei ein erforderlicher Schritt auf meinem Weg zur Erleuchtung. Um Barmherzigkeit zu üben, musste ich mich verändern.

Die erste Veränderung war die Bereitschaft, aus meinem Traumzustand aufzuwachen. Dieser Zustand verdeckte, nach Meinung von Iris, eine Reihe von Blockaden, die aufgehoben werden mussten, um die Erleuchtung zu erlangen. Hierbei wollte sie mir mit ihren therapeutischen Heilmethoden helfen. So gründete sich unsere Gemeinschaft gewissermaßen auf das gegenseitige Abkommen, einander auf dem Weg zur Erleuchtung zu helfen.

An einer einsamen Stelle am Strand begannen dann einige unserer therapeutischen Prozesse. Iris ermutigte mich dazu, alles, was an Schmerz in meinem Herzen war, durch Schreie nach außen zu bringen. Erinnerungen an Verletzungen der Kindheit, ungestillte Bedürfnisse und frustrierende Erlebnisse meldeten sich in meinem Bewusstsein, und ich schrie meinen Schmerz heraus, bis ich durch falsches Atmen (Hyperventilation) Krämpfe in den Händen bekam. Bisher hatte ich Gefühle dieser Art entweder verdrängt, oder sie waren mir nicht bewusst gewesen, da ich sie immer als nicht zu vermeidende Erfahrungen des Lebens ansah.

Doch mit dem Ziel der Erleuchtung vor Augen schluckte ich alle aufkommenden Schwierigkeiten. Inzwischen war die Beziehung mit Iris nämlich nicht mehr nur freundschaftlich. Alle Tabus mussten um der Erleuchtung willen gebrochen werden. Der sexuelle Kontakt war in diesem therapeutischen Prozess ein Mittel dazu. Iris sagte, sie liebe mich sehr und fühle auch, dass ich sie liebe. Ich war verblüfft über ihren Eindruck, denn ich selbst konnte diese Gefühle nicht in mir entdecken. War es vielleicht aufgrund von Verdrängung? Langsam begann ich zu zweifeln, ob meine Wahrnehmungen wirklich der Realität entsprachen. Eher verbissen als verliebt kämpfte ich mich durch alle schwierigen Gespräche, die wir miteinander führten.

Als ich eines Tages das Schloss zu einem kurzen Spaziergang verließ, sprach mich eine Engländerin mit Namen Margret an. Sie war auch Buddhistin und wohnte allein mit ihren beiden Kindern in der Nähe des Zentrums. Verblüfft hörte ich ihr zu, als sie mir erzählte, sie habe vor sechs Wochen von mir geträumt. Ohne mich zu kennen, sah sie mich in ihrem Traum zusammen mit meinem Guru in der Nähe des Instituts aus dem Meer kommen und beobachtete, wie alle Menschen des Manjushri-Zentrums, einschließlich des leitenden Geshe, sich vor uns verneigten. Zum Zeitpunkt ihres Traumes war ich selbst noch auf der Suche nach meinem Guru gewesen und noch nicht einmal in England angekommen. Dies schien mir doch wieder ein besonderes Zeichen zu sein, welches meinen Weg bestätigte.

Margrets Worte ehrten und ermutigten mich. Sie staunte auch über diesen Traum und versuchte herauszufinden, welche geheimnisvollen Gaben in mir versteckt waren. Von nun an fühlte ich mich berufen, ihr und anderen Menschen im Zentrum das zu verkündigen, was ich frisch gelernt hatte, nämlich: die Erleuchtung müsse in der Realität und nicht in der Abgeschiedenheit eines Klosters gesucht werden. Dabei wusste ich zwar nicht genau, wie ich vorgehen sollte, aber ich war mir sicher, mein Guru würde mir bestimmt helfen.

Margret ähnelte – nicht so sehr äußerlich, aber in ihrer Charakterstruktur – meiner Mutter. Das wurde mir klar, als ich inmitten unserer hochphilosophischen Gespräche merkte, dass meine Kraft plötzlich nachzulassen schien. Ich wurde zornig auf Margret und brachte meine Wut laut zum Ausdruck. Sie starrte mich etwas verdutzt an, worauf ich ihr erklärte, mein Zornesausbruch sei notwendig, damit die Blockaden, die in der Beziehung zu meiner Mutter entstanden waren, beseitigt würden. Der Kontakt mit Margret endete im Bett, obwohl ich nicht vorhatte, eine Beziehung mit ihr einzugehen. Doch die neue Devise lautete ja: «Alles, was zu deiner Freiheit und zu deinem Wohlbefinden dient, ist erlaubt.»

Später, auf einer Reise durch Schottland, fragte ich in dem dortigen tibetisch-buddhistischen Zentrum Samyé Ling, den Hauptlama, was er von den sexuellen Praktiken hielt. Er meinte, dass die buddhistischen Lehren vor Freizügigkeit auf diesem Gebiet warnen, und riet mir davon ab, diese weiter zu praktizieren. Als ich ihm dann entgegnete, mein Guru würde mich aber in dieser Richtung bestätigen, erwiderte er, dass man tun solle, was der Guru sagt. Das Wort des Gurus wird im tibetischen Buddhismus im Allgemeinen höher geachtet als die Lehre der Schriften und kann dieser sogar widersprechen.

So verbrachte ich meine Zeit zwar mit Meditationen, aber nach und nach wurden diese für mich immer unwichtiger. Stattdessen legte ich mehr Wert auf meinen inneren Heilungsprozess. Ich schrieb Bücher voll mit Beobachtungen und Erinnerungen über mich selbst. Seitdem ich mich auf den therapeutischen Prozess mit Iris eingelassen hatte, meinte ich zu erkennen, wie sehr mich meine Eltern in meinem Leben blockiert hatten. Viele meiner Schwierigkeiten und inneren Blockaden wurden dadurch plötzlich erklärt.

Findhorn – die Welt als magische Einheit

Die neuen Erkenntnisse weckten in mir Hoffnung auf eine erweiterte Sicht der Dinge und des Lebens. In Begegnungen mit anderen Menschen, ja selbst in Bäumen und Pflanzen erkannte ich nun Teile von mir selbst. Die Welt schien aus einer Art magischer Einheit zu bestehen, in der sich immer wieder Teile von mir spiegelten.

Das wurde mir bei einem bestimmten therapeutischen Schritt besonders deutlich: Wie ich zu Beginn schon beschrieb, war in mir eine gewisse Gespaltenheit, besonders meiner Mutter gegenüber. Sie war in ihrer Erziehung oft konsequent und streng gewesen. Zwei willensstarke Persönlichkeiten trafen hier aufeinander. Da ich mich als Kind letztendlich doch in den meisten Fällen fügen musste, flüchtete ich entweder in eine Traumwelt oder ließ meinen Zorn hauptsächlich an meiner Schwester, manchmal aber auch an meinen beiden Brüdern aus. Auf Anraten von Iris suchte ich mir jetzt im Wald einen Baum aus, der meine Mutter darstellen sollte. Laut sprach ich ihm (beziehungsweise ihr) gegenüber meinen Willen aus und ließ dabei auch meine Wut zu Wort kommen. Dies sollte dazu dienen, festgehaltene, unterdrückte Energien wieder strömen zu lassen.

Nach einigen Wochen verließ ich das buddhistische Zentrum und reiste in das New-Age-Zentrum «Findhorn» im Norden Schottlands. Bevor das Zentrum in den siebziger Jahren gebaut wurde, war es ein Stück unfruchtbares Land gewesen, auf dem niemand leben wollte. Es wurde auf Anweisungen von Geistern ausgewählt, denn es hieß, hier kämen besondere Erdstrahlen zusammen. An diesem Ort grünte und blühte es inzwischen. Eines der Geheimnisse lag darin, dass Sonne, Mond, Bäume und Pflanzen wie Gottheiten angebetet wurden. Das geschah mit Hilfe von bestimmten Ritualen, Liedern und Tänzen. In den therapeutischen Gruppen, die in Findhorn angeboten wurden, bezog man den Kontakt mit den Kräften der Natur mit ein. Diese Kräfte dienten der Selbstverwirklichung, da sie eine unterstützende Wirkung auf Körper, Geist und Seele haben sollten.

Iris war auf Hinweis ihrer Begleiter bereits vorher nach Findhorn gereist. In dem New-Age-Zentrum konnten wir, laut unseren Begleitern, noch einiges lernen, vor allem was den Aufbau eines derartigen Zentrums betraf. Iris hörte die Begleiter meistens als innere Stimme in sich und schrieb die Worte dann sofort auf. In einzelnen Nachrichten hatten die Begleiter schon angedeutet, dass auch *wir* eines Tages ein Zentrum leiten würden, in dem wir eine Therapieform nach einer neu zu entwickelnden «Tantra-Methode» ausüben sollten.

Diese Aussichten und die neuen Erfahrungen in Findhorn schienen wirklich verlockend und lebendig zu sein. Nach einiger Zeit stand ich jedoch unter einem enormen Druck. Ich meinte, alle meine Aktionen und Reaktionen begreifen, analysieren und einordnen zu müssen, um endlich ganz frei zu werden. Iris und ihre geistlichen Begleiter konfrontierten mich regelmäßig mit meinem inkonsequenten Verhalten, was nicht gerade leicht zu ertragen war.

Es war bereits Ende November und schon ziemlich kalt. Ständig wanderten wir mit unseren Rucksäcken umher und suchten nach bezahlbaren Unterkünften. Die Situation war zwar nervenaufreibend, aber wir meinten, dies alles durchleben zu müssen, da wir in einem unserer vorherigen Leben ebenfalls ohne festen Wohnort umhergezogen waren. Die «Tatsache» dieses vorherigen Lebens wurde durch Botschaften der spirituellen Begleiter bestätigt. Die Aufarbeitung unserer vorherigen Leben gehörte nämlich auch zu unserem Reinigungsprozess.

Während der Buddhismus das Thema Reinkarnation mit einer Wiederkehr des Leidens hier auf Erden verbindet und es deshalb möglichst nicht anstrebt, wiedergeboren zu werden, sieht die Esoterik in der Wiedergeburt eine Chance. Fehler eines vorherigen Lebens können demnach wieder gutgemacht werden. Dieser Gedanke relativiert zum Beispiel falsches und schlechtes Verhalten. Er führt zu der oft leicht dahingesagten Redensart: «... dann vielleicht im nächsten Leben.» In ähnlicher Weise sehen Menschen, die sich Probleme ihres heutigen Lebens nicht erklären oder sie nicht überwinden können, eine große Chance zur Bewältigung, indem sie sich mit Ereignissen früherer Leben beschäftigen. Aus diesem Grunde gibt es die Reinkarnationstherapie, in welcher der Therapeut versucht, den Klienten in vorherige Leben hineinzuführen, und ihm hilft, Zusammenhänge zu seiner heutigen Situation herzustellen und diese zu erklären und zu verstehen.

Sowohl in Findhorn als auch in anderen Teilen Schottlands gab es so genannte magische Plätze, denen eine besondere Kraftausstrahlung zugesprochen wurde. Wir erkundigten uns nach diesen Plätzen, auf denen zum Beispiel vor ein paar hundert Jahren Zeremonien, Rituale, Opfer und Feste der heidnischen Religionen stattgefunden hatten. Sobald uns solch ein Ort bekannt wurde, reisten wir dorthin.

Iris konnte, wie sie sagte, Energien sehr deutlich spüren; nicht nur von Menschen, sondern auch von Plätzen, Gegenständen und Pflanzen. Häufig wurde sie von diesen Energien regelrecht gefangen genommen und geriet in Angstzustände. Diese Angstzustände führte sie auf die schlechten Energien zurück, die sie beeinflussten, sie sozusagen unrein machten. So gesehen waren wir mehr auf der Flucht vor schädlichen Einflüssen, als dass wir tatsächlich frei wurden. Durch ihre traumatischen Kindheitserlebnisse litt Iris außerdem unter akuter Schlaflosigkeit. Darüber hinaus hatte sie Magenprobleme, die sie mit einer bestimmten Diät in den Griff zu bekommen hoffte.

Einerseits war ich fasziniert von all den neuen Entdeckungen, die wir zusammen machten. Andererseits entstand aber auch ein immer größerer Widerstand gegen alle Forderungen, die an mich gestellt wurden. Ich zweifelte häufig, ob es wirklich mein Guru war, der all diese Forderungen telepathisch durchgab. Schnell lernte ich, dass diese Rebellion offenbar aus meinem «Ego» kam und ich stattdessen auf mein «höheres Selbst» hören müsse. Da ich jedoch auf keinen Fall den Kontakt mit meinem Guru und den anderen geistlichen Führern verlieren wollte, fügte ich mich oft zähneknirschend.

Höheres Selbst und tiefste Zerrissenheit

Etwa einen Monat lang zogen wir durch den Norden Schottlands, dann wollte Iris zurück nach Amsterdam, wo sie wohnte. Sie hätte gern gehabt, dass ich mit ihr dorthin ging, meinte aber, ich müsse mich durch mein höheres Selbst führen lassen und deshalb darauf meditieren. Ich hatte inzwischen schon reichlich Erfahrung in diesem Bereich, aber die Meditation auf mein höheres Selbst gelang mir nicht so leicht. Vor lauter Unsicherheit betete ich vor allen Buddhafiguren im Manjushri-Zentrum, in das wir inzwischen wieder zurückgekehrt waren, und fragte um Rat und Hilfe.

Es nützte leider nicht viel. In mir war eine tiefe Zerrissenheit. War es mein Ego, welches sich sträubte? Nach langem inneren Kampf entschied ich mich dann schließlich und endlich doch, mit Iris nach Amsterdam zu gehen. Im Gegensatz zu mir war sie der Meinung, dass mein Entschluss aus meinem höheren Selbst käme.

Meine Zerrissenheit ließ mich, zunächst noch unbewusst, spüren, dass ich in meinen Entscheidungen längst nicht mehr frei sein konnte. Meine Freiheit, die mir doch so viel bedeutet hatte, wurde nun durch ständiges Hinterfragen eingegrenzt. Wem musste ich wann gehorchen? Meinem Willen, meinem «eigentlichen» Willen, nämlich meinem höheren Selbst, meinem Guru oder den Anweisungen und Hilfestellungen meiner Freundin? Mit meinem bisherigen Verständnis von mir selbst schien ich völlig ahnungslos und unwissend umgegangen zu sein. Außerdem hatte es mir ja nicht den Frieden und die Freiheit gebracht, die ich suchte. Folglich musste es etwas geben, was mir immer noch fehlte. Mein Selbstbewusstsein schwand mehr und mehr. Der innere Kampf, verbunden mit der Angst um den Verlust der Freiheit und der eigenen Würde, erreichte auf unserer Reise nach Amsterdam seinen vorläufigen Höhepunkt.

Vor unserer Fahrt per Schiff nach Holland übernachteten wir noch in einer billigen Unterkunft in London. Wir kosteten die Zeit in unserem Hotelzimmer bis spät in den Nachmittag hinein aus, da wir von Harwich nach Hoek van Holland die Nachtfähre gebucht hatten. Es war schon dunkel, als wir uns für die Abfahrt vorbereiteten. Plötzlich ergab sich ein Wortwechsel über eine Nebensächlichkeit. Iris nahm kein Blatt vor den Mund und schrie mir ein Schimpfwort zu. Dann rannte sie aus dem Zimmer, die steile Treppe hinunter. Tief verletzt und in blinder Wut stürmte ich hinter ihr her. Wie besessen, außer mir vor Zorn, schlug ich mit brutaler Kraft auf sie ein, bis sie vor Schmerzen aufschrie. Erst dann kam ich wieder zur Besinnung.

Während der Schifffahrt konnte sich Iris kaum bewegen. Sie spürte einen stechenden Schmerz in der Brust. Ich schämte mich zutiefst über mein Verhalten.

Nach einer qualvollen Reise kamen wir frühmorgens in Amsterdam an. Wir wollten gerade in den Bus steigen, der bis in die Nähe von Iris' Wohnung fuhr, als sie auf der Straße ohnmächtig zusammenbrach. Ein Taxifahrer eilte herbei, trug sie in seinen Wagen und brachte uns ins nächste Krankenhaus. Er fragte, was geschehen sei. Verkrampft vor Schmerzen berichtete Iris von unserem Streit. Ich hätte mich am liebsten in nichts aufgelöst. Doch seiner Reaktion nach hatte der Taxifahrer wohl schon Schlimmeres erlebt.

Iris musste sofort auf die Intensivstation, da ein paar ihrer Rippen gebrochen waren. Vor lauter Scham wusste ich nicht mehr, wie ich mich ihr gegenüber verhalten sollte. Diese Scham brachte mich in noch größere Abhängigkeit und verpflichtete mein Gewissen noch mehr, ihr helfen zu müssen.

Iris ließ mich in ihrer Wohnung schlafen und gab genaue Anweisungen, wie ich mich dort zu verhalten hatte, da ihre Wohnung ja eigentlich ein Tempel war. Tankas mit Abbildungen von Padmasambhava und Tara hingen überall an den Wänden. Auf den kleinen Altären standen Fotos des Dalai Lama und von Ling Rinpoche sowie kleine Opferschalen mit Wasser. Da ich die verschiedenen Opferpraktiken in Indien gelernt hatte, fühlte ich mich hier bald halbwegs zu Hause.

Bei meinen Besuchen im Krankenhaus gelang es mir nicht, Mitgefühl und Barmherzigkeit zu zeigen. Dabei war es ja gerade dieses wichtige Prinzip des tibetischen Buddhismus gewesen, das so genannte Bodhisattva-Ideal, welches ich im Kontakt zu Iris erlernen wollte. Mir war, als wäre ich innerlich vor lauter Schuldgefühlen erstarrt. Trotz ihrer Schmerzen schrieb Iris fortwährend Nachrichten meines Gurus für mich auf. Sie sagte, dass sie die Stimmen der geistlichen Begleiter deutlich in sich höre und die Botschaften laufend aufschreiben müsse. Dabei fühle sie die große Liebe der Begleiter wie ein Geschenk.

Ab und zu waren die telepathischen Nachrichten ermutigend. Man hieß mich in meinem neuen Wohnort willkommen. Häufig waren sie aber auch sehr herausfordernd. Meine negativen Gedanken und meine Herzenseinstellung schienen für die geistlichen Führer kein Geheimnis zu sein. Diese Konfrontation sollte mir jedoch auf dem Weg zur Erleuchtung helfen.

Meiner Familie und meinen Freunden hatte ich immer erzählt, ich wolle wieder nach Indien reisen. Und nun befand ich mich plötzlich in Amsterdam und lebte mit einer buddhistischen Frau zusammen. Ich war mir bewusst, dass keiner diesen Wechsel meiner angekündigten Pläne verstehen würde. Für mich war es aber ein Gehorsamsschritt gegenüber meinem Guru. Während der ersten Wochen ließ ich niemanden wissen, wo ich mich aufhielt. Der Prozess, in dem ich mich befand, galt laut unseren geistlichen Begleitern als diejenige Meditationsretraite, die ich ursprünglich in Indien mitmachen wollte. Das Ziel war, mich selbst kennen zu lernen, um mich selbst zu verleugnen.

Der Weg der Erleuchtung bedeutete: Befreiung vom Selbst. Dies konnte nur geschehen, indem alle Bindungen gelöst wurden. Die Mittel, die wir jetzt anwandten, gehörten zwar zum buddhistischen Weg, ihre Methode war jedoch aus dem New Age. Diese Vermischung ist im Buddhismus möglich, da die Methode für den Buddhisten nur ein Mittel auf dem Weg zur Erleuchtung ist.

Tantra-Therapie – der Traum vom Leben ohne Blockaden

Alles, was der Befreiung dient, kann nach der höheren buddhistischen Tantra-Philosophie in den therapeutischen Prozess mit einbezogen werden, beispielsweise die Sexualität oder die verschiedenen Therapieformen des New Age. Weltliche Genüsse wie Sexualität können in Erleuchtungsenergie transformiert werden. Dabei geht es um eine Vereinigung auf allen Ebenen, die sexuelle eingeschlossen, mit der Gottheit. Wenn nun im menschlichen Bereich irgendwelche Angewohnheiten oder Tabus, etwa aus der Erziehung oder dem gesellschaftlichen Umfeld, diese Vereinigung verhindern, dann müssen sie ausgeräumt, beseitigt oder transformiert werden. Die Tantra-Therapie soll dabei behilflich sein.

Hier kommen östliche Religion und westliches Denken zusammen. Das zentrale Thema dieser Verbindung wird mit den Worten Erleuchtung, Einheit mit dem Kosmos und weiteren faszinierenden Begriffen umschrieben. Blockaden, die dem Ziel entgegenstehen, müssen aus dem Weg geräumt werden. Die größten Blockaden sind, nach westlichem psychologischen Denken, in der Kindheit entstanden und setzen sich aus bestimmten Gewohnheiten, Denk- und Verhaltensmustern sowie Gefühlen zusammen. Es gilt, sie zu entdecken, auszusprechen, zu korrigieren und sich nicht mehr von ihnen beherrschen zu lassen, so dass sie den Menschen nicht länger binden, beängstigen oder sogar krank machen. Hatte ich mich in Indien eher auf die reine Lehre des Buddhismus eingelassen, lebte ich jetzt in Europa mehr die Seite des New Age mit seiner Betonung auf Gefühlen und Selbsterfahrung aus.

Als Iris aus dem Krankenhaus entlassen wurde, begann der therapeutische Prozess erst richtig. Gemeinsam renovierten wir ihre Wohnung. Dabei hatte jede Handlung symbolischen Wert und stand für etwas, was in uns selbst gereinigt werden musste. Als wir zum Beispiel das Wohnzimmer weiß strichen, stand diese Handlung für die Reinigung unserer Herzen. Das mit viel Mühe verbundene Putzen der großen Fenster des Wohnzimmers im dritten Stock bedeutete das Reinigen der Fenster unserer Herzen. Bei fast jeder Arbeit gerieten wir in Streit miteinander. Das «musste jedoch alles so sein», da in unserem Reinigungsprozess die Blockaden unserer Herzen erst offenbar gemacht und dann aufgelöst werden sollten.

Doch kaum meinten wir, bestimmte Blockaden endlich beseitigt zu haben, tauchte bereits das nächste Hindernis vor uns auf. Entlastung von all diesem Stress fanden wir im gemeinsamen Rauchen von Marihuana. Wir gebrauchten allerdings nur Drogen, wenn wir den Eindruck hatten, dies würde uns zu höherer Einsicht führen. Im Rausch sahen wir alle Probleme aus einer anderen Perspektive. Wir betrachteten uns aus einer Zuschauerposition und lachten dann herzlich über all unsere Strapazen. Schockierend war, dass am nächsten Tag die höheren Erkenntnisse wie weggeblasen waren und unsere Streitereien wieder von vorne losgingen.

Im Umgang mit Iris reagierte ich ihrer Meinung nach meistens falsch. Meine Haltung ihr gegenüber löste häufig starke Auseinandersetzungen aus, durch die ich mich immer wieder schuldig fühlte. Dabei sollte es nicht darum gehen, sich schuldig zu fühlen, sondern aus den Fehlern zu lernen. Obwohl ich meine Schuldgefühle ständig aussprach und die Ursachen oder Verursacher erkannte, verschwanden sie nicht wirklich. Stattdessen fühlte ich eine immer tiefere Frustration in meinem Herzen. Die täglichen Streitereien mit Iris machten mich ratlos. Meistens wusste sie alles besser als ich, so als hätte sie viel mehr Bewusstsein für die Abläufe in ihrer und meiner Seele. Mein «alltägliches» Bewusstsein schien dagegen auf einem niedrigeren Niveau zu funktionieren. Unter Einfluss von Marihuana oder in tiefer Meditation meinte ich mich dann wieder auf einer höheren Bewusstseinsebene zu bewegen und meinen Normalzustand von dort aus zu betrachten.

Es war, als gäbe es eine Spannung zwischen den beiden Bewusstseinszuständen. Am liebsten wollte ich natürlich immer in dem höheren Bewusstsein leben, was jedoch nicht glückte. Ich stellte mir vor, die Erfahrung der Erleuchtung wäre ein Zustand, in dem ich mich täglich und immerwährend in meinem «höheren

Selbst» befände, wobei mein durch Erziehung und Lebenserfahrungen «konditioniertes Ego» keinen Einfluss mehr auf mich hätte. In der Erleuchtung dürfte es, so meinte ich, doch keine Trennung geben zwischen dem Buddhabewusstsein (oder dem göttlichen Licht) und der irdischen Alltagsrealität. Ich nahm an, dass meine Erleuchtung erst dann vollständig war, wenn sie meine Alltagsrealität ganz durchdrang. So wurde mir ein Satz zum Lebensmotto, in dem sich das Wesen der Erleuchtung für mich sehr zutreffend ausdrückte: «Das Licht fällt in die Erde.»

Iris bezog Sozialhilfe und verdiente nebenbei noch etwas Geld, indem sie therapeutische Sitzungen durchführte. Eine Ausbildung in diesem Bereich hatte sie nie bekommen. Ihre geistlichen Führer leiteten sie in den Sitzungen. Nun begann sie, *mir* Sitzungen zu geben, um mir zu helfen, die Beziehung zu meinen Eltern zu klären und damit zu reinigen. Anschließend musste auch ich sie durch eine Sitzung führen, in der sie wieder einmal versuchte, die enorm schwierige Beziehung zu ihren bereits verstorbenen Eltern aufzuarbeiten. Hierbei gab sie mir Anweisungen, wie meine Begleitung zu sein hatte. Natürlich gerieten wir dabei oft in heftigen Streit. Wenn wir dann weder ein noch aus wussten, gaben ihr die geistlichen Begleiter wieder eine Nachricht durch und teilten uns mit, was wir noch lernen mussten.

Täglich brachte ich all meine Gefühle zu Papier und war intensiv damit beschäftigt, einen langen Brief an meine Mutter zu schreiben, in dem ich ihr meine ganze Frustration vorhielt, die ich durch ihre Erziehung erlebt hatte. Das Schreiben allein reichte jedoch nicht aus, um alle meine Gefühle ihr gegenüber auszudrücken. In therapeutischen Sitzungen übten wir das Gespräch, das zwischen mir und meiner Mutter stattfinden sollte. Quasi als Training dafür versuchte ich, mich in meine Mutter hineinzuversetzen, um auf ihre Argumente dann so zu reagieren, dass alles, was ich ihr mitteilen wollte, auch wirklich bei ihr Gehör fand.

Durch meine Übungsgespräche mit Iris vorbereitet, fand dann kurze Zeit später ein Besuch bei meinen Eltern statt. Ohne viel Rücksicht sagte ich meiner Mutter, dass ich mit ihr reden müsse, und zwar unter vier Augen. Sie ging mit mir ins Schlafzimmer. Laut und deutlich warf ich ihr meinen Zorn und meinen Schmerz vor die Füße. Meine Mutter saß mir gegenüber auf dem Bettrand und wirkte wie eine Mauer aus Beton. Sie wusste nicht, wie sie reagieren sollte. Mein Gefühlsausbruch kam vollkommen unerwartet für sie, und wahrscheinlich verletzte ich sie damit tief.

An diesem Tag musste ich noch lange mit meinen Eltern sprechen, um sie wieder zu beruhigen und ihnen deutlich zu machen, dass solche Dinge zu meiner Therapie gehörten und zum Ziel hatten, eine Kommunikation zwischen uns herzustellen. Für eine Bauernfamilie, wie wir es waren, war dies natürlich eine äußerst ungewöhnliche Handlungsweise. Und doch taten meine Eltern ihr Bestes, um mich zu verstehen. Eigentlich hatte es früher nie ernsthafte Konflikte zwischen meinen Eltern und mir gegeben. Wir hatten einander allerdings auch nie viel zu sagen gehabt.

Nach dem Gespräch fuhr ich sofort wieder zurück nach Amsterdam, damit ich nicht Gefahr lief, in alte Verhaltensweisen zurückzufallen. Ich wiederholte diese Aktion verschiedene Male. Auch mein Vater wurde unter Feuer genommen und manchmal sogar die ganze Familie, wenn sie gerade anwesend war. Einmal saßen wir alle im Wohnzimmer, und ich sprach darüber, wie Tabus durchbrochen werden mussten. In unserer Familie gab es zum Beispiel niemanden, der rauchte. Ich fand, dass dieses Tabu einmal durchbrochen werden müsste, und bot allen eine Zigarette an. Tatsächlich saßen wir plötzlich alle mit einer brennenden Zigarette in der Hand im Wohnzimmer und rauchten lachend. Nur meine Mutter weigerte sich, «an diesem Unsinn» teilzunehmen.

Im Nachhinein sehe ich es wirklich als ein Wunder an, dass meine Eltern mir nicht die Tür wiesen. So schlimm meine Beschuldigungen für sie auch waren, das Aussprechen oder sogar Beschimpfen blieb bei ihnen nicht ganz ohne Wirkung. Manchmal rief meine Mutter nach ein paar Tagen bei mir an und gab zu, dass ihr meine Äußerungen zum Teil auch Erleichterung verschafft hätten, da sie in einigen der von mir angesprochenen Punkte tatsächlich Fehler gemacht habe. Es schien also nicht nur für mich befreiend zu sein, wenn Fehler ans Licht gebracht wurden ...

Auch mit meinen Freunden führte ich solche aufklärenden Gespräche. Als wir einmal als ganze Gruppe ein Wochenende auf einer Insel verbrachten, entstand eine enorme Spannung, nachdem ich einem meiner Freunde die Wahrheit gesagt hatte. Durch viele weitere Gespräche musste die Beziehung wieder zurechtgerückt werden. Meine Freunde waren entsetzt über mein neues Verhalten. Dabei hatte ich nichts anderes getan als nur meine Gefühle auszudrücken.

Die Therapie hatte mich verändert; das musste ich jedem deutlich machen. Ich sah jetzt natürlich auch, wie viele Menschen sich hinter einer Maske versteckten und wie viel Leid und Distanz durch Unterdrückung der Gefühle entstand. Meine Veränderung brachte jedoch nicht gerade Frieden in meine Beziehung zu Iris. Es schien, als ob kein Ende der zu entdeckenden und aufzuarbeitenden Verhaltensmuster in Sicht war, weder bei mir noch bei ihr. Wie sollte es jemals gelingen, alle negativen Gefühle herauszuschreien und zu bereinigen? Und dennoch, es musste sein ...

In der Zwischenzeit war der fortwährend an uns schleifende Prozess auch sehr belastend geworden. Wir beschäftigten uns nur noch mit uns selbst. Weil dies für uns beide schwer zu ertragen war, beschlossen wir, dass ich mir eine Wohnung nahm. Mein Psychologie-Studium führte ich ebenfalls weiter, diesmal an der Universität von Amsterdam.

Kapitel 3

Alles in mir ist göttlich, alles darf sein

Spirituelle alternative Psychologie

Das Studium enthielt wenig spirituelle Elemente. Mit seiner Nüchternheit stand es im vollständigen Gegensatz zu den vielen alternativen Ausbildungen, die wir mittlerweile kennen gelernt hatten und die wie Pilze aus dem Boden schossen. Die Möglichkeit, mein niedriges Bewusstseinsniveau zu verbessern, sah ich in der Rationalität der Wissenschaft nicht gegeben. Darum befassten wir uns mit Bachblütentherapie, Reinkarnationstherapie, Yoga, Zen-Meditation, spirituellem Tanzen, mit Geistheilern, Reiki und vielen anderen Methoden des New Age. Wir nahmen auch die Hilfe von Menschen in Anspruch, die Kontakt zu Toten hatten und Geister austrieben.

Iris hatte häufiger den Eindruck, ihre Wohnung müsse von Mächten der Finsternis oder von Seelen, die nicht zur Ruhe kamen, gereinigt werden. Da sie unter permanenter Schlaflosigkeit litt, griff sie nach jedem Strohhalm, der sich ihr bot, in der Hoffnung darauf, Heilung und innere Ruhe zu finden. Auf diese Weise kamen wir mit einer Frau in Kontakt, die eine Therapieform ausübte, die «Rebirthing» genannt wird. Es handelt sich hierbei um eine Atemmethode, die aus dem hinduistischen Yoga stammt und von einem Amerikaner entwickelt worden ist. Dabei wird, ohne eine Pause zwischen Ein- und Ausatmen, tief durchgeatmet, was dazu dienen soll, festgesetzte Blockaden, die sich im Laufe der Jahre durch innere Anspannung im Körper gebildet haben, zu lösen. Vor allem die Anspannung, die mit dem Trauma der Geburt zusammenhängt, soll auf diese Weise noch einmal erlebt werden können, was in manchen Fällen eine enorme Befreiung bewirkt.

Meine erste Erfahrung mit dieser Methode machte ich während einer Seminarwoche in Frankreich. Sie fand auf einem zu New-Age-Zwecken eingerichteten Campingplatz in der Nähe von Périgueux in der Dordogne statt.

Zwei in dieser Therapieform noch unerfahrene junge Frauen leiteten mich an, mich in der sonnigen Wiese entspannt auf den Rücken zu legen und tief durchzuatmen. Das tiefe Atmen führt dem Körper wesentlich mehr Sauerstoff zu, als er gewöhnt ist, wodurch spastische Muskelkrämpfe entstehen können. Nach etwa einer halben Stunde trat genau dies auch bei mir ein. Während sich meine Arme, meine Beine und mein Gesicht fürchterlich verkrampften, eilte eine meiner Begleiterinnen zu der Leiterin der Gruppe. Um mich aus meiner Lage zu befreien, legte diese sich auf mich und gab mir Anweisungen, wie ich atmen musste.

Es galt, so lernte ich, sich negative Gedanken, Gefühle und Verkrampfungen, die auftraten, nur wie von außen anzusehen. Man sollte sich nicht hineinsteigern und sich nicht schuldig fühlen, sondern stattdessen einfach nur tief durchatmen. Der Grundgedanke ist: Alles darf sein, auch Krampf und Angst. Sie gehören zum Leben, zum Menschen und somit zu mir. Ich brauche mich für nichts schuldig zu fühlen, denn ich bin unschuldig und im Kern meines Wesens gut. Außerdem, so meinte die Leiterin, sei ich jetzt nicht alleine. Sie helfe mir «durch den Geburtskanal» in die Freiheit.

Es dauerte noch ein paar Minuten, bis sich die Krämpfe plötzlich lösten und ein warmer, kribbelnder Strom durch meinen Körper lief. Ein herrliches Gefühl der Offenheit machte sich in mir breit, und ich wähnte mich im siebten Himmel. Wie neugeboren hüpfte ich durch die grünen Wiesen. Von diesem Gefühl wäre ich am liebsten immer erfüllt gewesen. Sicherlich würde es mir mit dieser Methode auch ohne Drogen phantastisch gehen, so hoffte ich.

In dieser Gruppe sangen wir Lieder von der Mutter Erde, von Gott, von Göttern und Göttinnen; Göttinnen, die wir im übrigen selbst waren, wie sich dies zum Beispiel in unserem Lied «I am the Goddess» ausdrückte. Wir sangen Lieder von der Natur und den Elementen, deren Kraft wir empfangen wollten. Oft rannen mir Tränen der Rührung und der Trauer über die Wangen. Heute denke ich, dass diese Lieder in mir die tiefe, unbewusste Sehnsucht ansprachen, mit Gott vereint zu sein.

Damals lernten wir jedoch, dass wir die göttliche Natur *in uns* hätten. Durch Erziehung, durch die Hektik des Lebens, durch Krankheit, Probleme und vieles andere mehr sei diese Natur zugeschüttet worden. Jetzt gelte es, sie wieder neu freizuschaufeln. Ich führte meine Rührung damals auf das Verlangen und die offene Möglichkeit zurück, selbst göttlich und wieder in meinem «Urzustand» geborgen zu sein.

Die buddhistische Philosophie stimmt mit diesen New-Age-Gedanken überein. Dabei musste für meinen buddhistischen Weg lediglich das Wort «Gott» durch das Wort «Buddha» ersetzt werden. So dachte ich immer in jenen Momenten, in denen über die geistliche Welt oder über Gott gesungen wurde, an meine geliebten buddhistischen Gurus.

Rebirthing-Therapie: Wieder Kind sein dürfen

Die Erfahrungen, die ich in diesem Seminar machte, überzeugten mich, und es schien Iris und mir sinnvoll, dass ich neben meinem Studium eine Ausbildung in der alternativen Therapiemethode des Rebirthing angehen sollte. Diese Ausbildung fand in verschiedenen Häusern in Holland und Belgien statt, die speziell dafür eingerichtet waren, alternative Therapiegruppen zu beherbergen. So belegte ich für ziemlich viel Geld die dafür erforderlichen Einzelsitzungen und hoffte, damit meine Bewusstseinskrise überwinden und mein Niveau verbessern zu können.

Auch die Ausbildung selbst war zunächst auf das Selbsterfahren der Therapie und auf die eigene innere Heilung ausgerichtet. Ich hielt diese Erfahrungen nicht nur für mich selbst für wichtig, sondern dachte auch an die vielen Menschen, die ihre Kindheitserfahrungen so sehr verdrängt hatten, dass sie durch einfaches Erinnern nicht mehr abrufbar waren.

Es war wichtig, alle Gefühle der Vergangenheit, die in diesen Sitzungen ans Licht kamen, nachzuerleben. So konnte ich mein Bedürfnis, ein kleines Kind zu sein, das von niemandem zur Verantwortung gezogen wird und sich das holt, was es braucht, in der Ausbildungsgruppe wunderbar ausleben.

Ein besonderes Erlebnis war das Nachempfinden der eigenen Geburt. Glücklicherweise war meine Geburt problemlos verlaufen. Es gab aber genug Teilnehmerinnen und Teilnehmer, die dabei traumatische Erfahrungen gemacht hatten oder von ihren Eltern abgelehnt worden waren. Im Warmwasserbecken, vom Therapeuten oder einer anderen Begleitperson gehalten, atmeten wir mit Hilfe von Schnorcheln unter Wasser. Das Gefühl, im Bauch der Mutter zu sein, kam auf. Das verstärkte Atmen weckte die Erinnerungen und damit gleichzeitig die entsprechenden Gefühle wie Angst und Trauer über die Notwendigkeit, diesen sicheren Schutzraum verlassen zu müssen. Die Erkenntnis: «Meine Eltern haben sich nicht auf mich gefreut», brachte ebenfalls viel Trauer und Verletzungen hervor. Die Heilung solcher Wunden sollte schrittweise durch das Erkennen und Bewusstmachen der Ursachen geschehen, durch die liebevolle Zuwendung und Annahme von Seiten der Therapeuten oder Begleiter und durch die Möglichkeit der inneren Verarbeitung dieser bisher noch unbekannten Tatsachen.

Die meisten Therapieformen des New Age haben ihren Ausgangspunkt in der östlichen Philosophie und Lebensvision. Vielleicht gab mir die geistliche Verwandtschaft der Rebirthing-Methode mit dem Buddhismus auch mehr Vertrauen, um die zweijährige Ausbildung anzugehen. Wir lernten nicht nur Atemmethoden, sondern auch eine Art Massage, durch die ebenfalls Blockaden im Körper gelöst werden sollten. Die Ausbildung enthielt zusätzlich bestimmte Gesprächstechniken, «voice dialogue» genannt, dank denen verschiedene Stimmen in uns selbst zu Wort kamen, die bei inneren Kämpfen oder Entscheidungen auftreten. Jede Stimme durfte dann ihren Standpunkt laut vertreten, bis sich sozusagen die Wahrheit – nämlich das, was jeweils für mich das Beste war – herauskristallisierte. Es ging aber nicht nur um die Annahme der verschiedenen Stimmen in uns, sondern auch um die Akzeptanz unserer unterschiedlichen Persönlichkeitsanteile.

Ich erinnere mich noch gut, wie wir während eines Ausbildungswochenendes «das Monster in uns» kennen lernen sollten. Zur Vorbereitung wurden wir durch eine Meditation in unser Inneres geführt. Dies konnte zum Beispiel so aussehen, dass wir in unserer Phantasie in ein Haus gingen, uns dort zunächst die Räume ansahen und dann an eine Tür kamen, die in den Keller führte. Wir öffneten diese Tür und gingen die Treppe hinunter. Auch dort gab es verschiedene Räume und Gänge. Mit unserem inneren Auge sahen wir uns alles aufmerksam an und entschieden uns dann, uns in einen der dunklen Räume hineinzuwagen. Dort begegneten wir alsbald unserem Monster. Nachdem wir es deutlich erkannt hatten, spielten wir diesen Teil unserer Persönlichkeit in der Gruppe vor, was den Annahmeprozess vertiefte. Die Begegnung mit dem Monster in uns war insofern nicht erschreckend, als ja jeder wusste: Es ist ein Teil von mir, und alles, was in mir ist, darf sein, weil es zu mir gehört. Diesen Teil unserer Persönlichkeit nicht anzunehmen hätte in diesem Fall eine Blockade bewirkt.

Während die anderen Gruppenteilnehmer sich in der Rolle des Monsters, das sie soeben kennen gelernt hatten, teilweise schreiend und brüllend und kriechend durch den Raum bewegten, saß ich in stiller Meditationshaltung da. Mein Monster war nämlich meine Zurückgezogenheit in der Haltung des Buddha ... Was bedeutete dies jetzt für mich? Ehrlich gesagt hatte diese Erkenntnis für mich keine Konsequenzen. In der allgemeinen Atmosphäre des Annehmens drang die Erkenntnis nicht so stark in mein Bewusstsein, dass hier bei mir vielleicht eine Veränderung geschehen müsste.

Während der Zeit der Rebirthing-Ausbildung entdeckten wir täglich neue Wahrheiten über uns selbst und atmeten so lange durch, bis die eventuell aufkommenden Schmerzen, die Trauer oder sonstige Gefühle ihren Raum bekommen hatten und wir durch die liebevolle Zuwendung der anderen Teilnehmer alles überwunden hatten. Oft konnten wir dann sogar über uns selbst lachen. So wurde ich einerseits freier, weil ich lernte, mich mehr und mehr mit all meinen Gedanken, Taten und Wünschen anzunehmen und meine Minderwertigkeits- und Schuldgefühle zur Seite zu stellen. Andererseits wurde ich aber von der Zuwendung der anderen auch immer abhängiger. Viele Bedürfnisse, die ich bisher vielleicht aus dem Gefühl der Scham oder Schuld noch unterdrückt hatte, wollten jetzt plötzlich gestillt werden.

Es wurde nicht allein das geistliche Verlangen angesprochen, nein, auch die seelischen und leiblichen Bedürfnisse wurden geweckt. Wenn wir doch göttlich waren, so lautete die Gedankenfolge, mussten auch alle Bedürfnisse göttlich sein und ihre Erfüllung und Befriedigung finden. Jedes Verlangen war göttlicher Art. Weil alles, ob Zorn, Trauer, sexuelles Empfinden und vieles andere, sein durfte, sollte man lernen, auch alles ohne Scham auszusprechen.

In Zweiergruppen teilten wir einander alle persönlichen Schuldgefühle mit. Dann sprachen wir uns gegenseitig für alles Genannte unsere Unschuld zu. Endlich brauchte ich meine Wut nicht mehr zu verstecken und sie irgendwo an einsamen Plätzen herauszuschreien. Die anderen Teilnehmer fanden es sehr mutig von mir, meinen Zorn so öffentlich auszusprechen. Ich verbarg meine Gefühle auch vor den Leitern der Gruppe nicht. Rücksichtslos kritisierte und beschimpfte ich sie. Als echte Therapeuten wussten sie natürlich, dass meine Wut nichts mit ihnen persönlich zu tun hatte, sondern reine Projektion war.

Ein wenig kam ich allerdings doch in einen inneren Konflikt. Ich hatte das Gefühl, dem Buddhismus mit seinen Meditationsmethoden nicht mehr ganz treu zu bleiben. Die Kluft zwischen den Erfahrungen in der Meditation und meinem täglichen Leben wurde immer größer. Manchmal fragte ich mich, ob ich mich nicht eher von der Erleuchtung wegbewegte als auf sie zu. Dann hatte ich jedoch plötzlich wieder eine enorm beeindruckende Erfahrung in einer Rebirthing-Sitzung oder einer Meditation und verspürte wieder Hoffnung, es könne nicht mehr so lange dauern. Ich beruhigte mich damit, dass ich an die Vertreter der Tantra-Philosophie dachte, die der Meinung sind, alles könne mit einbezogen werden, wenn es nur wirksam wäre.

Das Ziel, die Erleuchtung zu erlangen, wollte ich auf Biegen oder Brechen erreichen. Es fehlten mir aber immer noch das Mitgefühl und die Liebe zu den Menschen. Da die buddhistische Lehre dies als eine Notwendigkeit ansieht, musste ich mich verändern. Oft nahm ich einen tiefen Hass in mir wahr, der sich dann meistens gegen Iris richtete. Sie hoffte jedoch auf meinen Trost und meine Hilfe für ihr großes Seelenleid. Aufgrund ihrer Erwartung zog ich mich öfters in den Zustand schlechter Laune und in Ablenkungen verschiedenster Art zurück.

Der Dalai Lama in London: «Gebt mir eure Herzen!»
Eines Tages besuchten wir eine Konferenz in London, auf welcher der Dalai Lama unterrichtete. Ich war gespannt auf diese erste Begegnung mit ihm. In Dharmsala hatte ich ihn nicht zu sehen bekommen. Allerdings hatte er mir schon durch Iris Anweisungen gegeben, denn seine Stimme war unter denen der geistlichen Begleiter, die Iris jeweils hörte. Seine Nachrichten waren meistens in einem besonders ermutigenden, einfühlsamen Ton.

Die Unterrichtseinheiten des Dalai Lama in London, abgehalten vor etwa fünfhundert Nachfolgern, waren allerdings sehr anspruchsvoll. Weil ich von seinen hochphilosophischen Reden nahezu nichts verstand, machte sich ein Gefühl von Frust in mir breit. Mit vielen anderen hoffte ich deshalb, wenigstens einen einzigen Blick dieses Mannes geschenkt zu bekommen, der als eine Inkarnation von Avalokiteshvara, dem Buddha des Mitgefühls, gilt. Ich war mir sicher: Sein Blick würde all meinen Frust auf einen Schlag wegnehmen. Iris hoffte natürlich auch auf etwas, nämlich dass sie von ihren Schlafproblemen geheilt würde.

Neben dem Unterricht sprach der Dalai Lama noch in öffentlichen Veranstaltungen, unter anderem in der Westminster Abbey und in einem großen Theater. So pilgerten wir an solchen Tagen zusammen mit einer bunt gekleideten Schar von «Fans» zu den entsprechenden Gebäuden. Während einer dieser öffentlichen Reden im Theater drückte eine Frau lauthals ihre Verzweiflung über ihre vielen Anfechtungen und ihre mangelnde Disziplin aus. Der Dalai Lama antwortete mit einfachen Worten: «Try, try, and try again!» («Versuche es, versuche es und versuche es noch einmal!») Es war nicht der Inhalt, sondern die bestimmende Ermutigung seiner Stimme, die uns alle spontan Beifall klatschen ließ.

Hinter den einfachsten Aussagen dieses Mannes vermuteten wir oft ungeahnten Tiefgang. Er sagte von sich selbst, dass er noch nicht erleuchtet sei und es, ebenso wie wir, nötig habe, jeden Tag zu meditieren. Wir hielten ihn für einen Bodhisattva, jemanden, der auf die vollendete Buddhaschaft verzichtet, um all den leidenden Wesen auf dem Weg zur Erleuchtung zu helfen.

Am fünften und letzten Unterrichtstag hatte der Dalai Lama Geburtstag. Verschiedene Menschen fragten ihn, was sie ihm denn schenken könnten. Nachdem wir ihm ein Geburtstagslied gesungen hatten, erklärte der Dalai Lama, dass er als Mönch nichts Materielles brauche. Er verlangte nur eines: «Gebt mir eure Herzen!» Dazu war ich sofort bereit.

Wir hatten den Unterrichtsraum gerade verlassen, als Iris mir vorwarf, ich hätte nicht genügend Mitgefühl mit ihrer Situation gezeigt. Sie war übermüdet, und ich fühlte mich angeklagt. Diese Worte reichten, um eine Kette von negativen Gefühlen und Gedanken in Bewegung zu setzen. Mit den verbalen Hieben, die wir uns gegenseitig austeilten, ruinierten wir unsere ohnehin schon verletzten Seelen.

Von den erfahrenen Segnungen verspürten wir bald nichts mehr. Es war, als ob sich während dieser Konferenz der Streit zwischen uns zu einem Sturm entfacht hatte. Meine viel geliebte Freiheit schien auf dem Spiel zu stehen. Ich hatte den Verdacht, ich müsse mich inzwischen mehr um Iris kümmern als um meine eigene geistliche Weiterentwicklung. Wem oder was musste ich den Vorrang geben? Am liebsten suchte ich meine Zuflucht in der Meditation und bemühte mich nicht um Iris' Probleme.

Die geistlichen Führer griffen über Iris telepathisch ein und schrieben mir vor, mein Verhalten zu überprüfen. Buddhistische Meditationen ohne das entsprechende Verhalten im Leben seien zu nichts nütze. Ich gab meine egoistische Haltung zu und schämte mich sehr. Der Streit war damit jedoch in keiner Weise beendet.

Demütigungen durch die spirituellen Begleiter

In den darauf folgenden Sommermonaten besuchten wir in Frankreich nicht nur den Rebirthingkurs, sondern wollten auch gemeinsam an einer buddhistischen Retraite mit Unterricht und Initiationen von hohen tibetischen Lehrern der Nyingmapa-Linie teilnehmen.

In Südfrankreich befinden sich einige große buddhistische Zentren. An einem Ort ist sogar ein größerer Stupa gebaut worden, und die Menschen pilgern in Scharen dorthin, um an den Segnungen teilzuhaben. Am liebsten wollte ich mich völlig in Meditationen zurückziehen. Die Folge war, dass ich mich um Iris gar nicht mehr kümmerte und sie sich darüber zunehmend empörte.

An einem Abend zeigte mir Iris eine Nachricht von unseren buddhistischen spirituellen Begleitern. Ihre Botschaft lautete: Sie würden es für nötig halten, dass ich diesen Ort mit seinen Einweihungen und Segnungen verlassen sollte. Der Grund sei mein Verhalten Iris gegenüber. Meine egoistische Haltung schaffe kein Fundament für das Wirken der buddhistischen Segnungen. Ich solle stattdessen zu dem New-Age-Zentrum auf den Campingplatz zurückkehren, wo wir das Rebirthing-Seminar belegt hatten.

Als ich diese Nachricht las, war es, als ob meine ganze Welt zusammenbrach. Ich fühlte mich ertappt und zurückgestuft. Für mich waren die New-Age-Praktiken eine Vorstufe für die tantrischen Segnungen des Buddhismus. Als ich daraufhin mit anderen Buddhisten über meine Situation sprach, verstanden sie nicht, weswegen ich nicht trotzdem am Ort der Einweihungen blieb. In der Meditation würde doch sowieso jedes Problem wie aufgelöst sein.

Für mich war es jedoch wichtiger, auf meinen Guru zu hören. Tief gedemütigt beugte ich mich also dem Willen meiner geistlichen Führer und trampte zu dem zweihundert Kilometer entfernten Ort zurück, um mich mit den frisch erlernten Therapieformen auseinander zu setzen und vielleicht dadurch meinen tiefgründigen Egoismus zu überwinden.

Mit zwei Partnerinnen auf dem Weg zur Erleuchtung

Obwohl das Einüben liebevoller Beziehungen mit zu meiner Ausbildung gehörte und mein Selbstbewusstsein inzwischen ein wenig gestärkt worden war, fühlte ich noch immer mein großes Unvermögen, auf Iris so einzugehen, wie sie es benötigte. Ihre Zurechtweisungen diesbezüglich waren zwar schmerzhaft, zeigten mir aber auch wieder die Realität. Es wurde mir immer mehr bewusst, dass ich die Erleuchtung noch nicht erreicht hatte.

Iris und ich waren mittlerweile schon über zwei Jahre zusammen. Immer noch wurde sie von schlaflosen Nächten gequält. Tagsüber war sie meistens unruhig und getrieben. Ihre geistlichen Begleiter gaben ihr Zukunftsvisionen, die viel versprechend klangen. Dies machte uns Mut, weiter an uns zu arbeiten. Der tägliche Umgang miteinander war jedoch überwiegend angespannt. Die vielen Streitereien schlugen immer tiefere Wunden. Wieder und wieder nahmen wir uns Besserung vor, doch das Ergebnis war entmutigend.

Nach einem frustrierenden Tag hatte ich oft die prächtigsten Träume. Wie in Glückseligkeit gebadet, wurde ich dann wach. In meinen Träumen begegnete ich einer Frau, die mir nichts anderes als Liebe entgegenstrahlte. Ich klammerte mich an diesen Visionen fest und meinte, darin die sich nähernde Erleuchtung zu erkennen. Buddha selbst hatte gesagt, dass das Leben Leiden sei. Auch er hatte sich dem Leiden dieser Welt gegenüber machtlos gefühlt und nach einem Ausweg gesucht. Die buddhistischen Schriften sagen, dass er erst im Moment seiner Erleuchtung den Weg aus dem Gefängnis des Leidens fand. Buddha lehrte, es sei tatsächlich möglich, in diesem Leben die Erleuchtung zu erlangen. Darum hoffte ich, meine herrlichen Träume hätten Vorhersagecharakter.

Natürlich suchte ich auch außerhalb meiner Traumwelt nach der Begegnung mit einer Frau, die mir die Erleuchtung bringen würde; diesen wunderbaren Zustand, in dem alles nur noch Liebe war. Dabei ging es mir nicht in erster Linie um sexuelle Bedürfnisse. Es kam mir vielmehr so vor, als ob sich das Göttliche in einer weiblichen Form manifestierte und darin mein Verlangen nach Liebe, Geborgenheit und intensiver Einheit gestillt werden würde.

Am Ende der Rebirthing-Ausbildung entstand unerwartet eine Beziehung zu einer jungen holländischen Krankenpflegerin, die ebenfalls diese Ausbildung gemacht hatte. Sie wohnte nicht weit von Amsterdam entfernt, und so konnte ich sie leicht besuchen.

Sie wünschte sich ganz stark, eine Familie zu gründen. Eigentlich war dies auch mein Wunsch, aber ich setzte meine spirituelle Entwicklung an die erste Stelle. Iris, die zwar prinzipiell für das Durchbrechen von Tabus war, bekam große Angst und Widerstände, als ich ihr ehrlich von dieser neuen Freundschaft erzählte. Bis dahin hatte sie die Meinung geäußert, es würde ihr nichts ausmachen, wenn ich eine andere Beziehung eingehen würde, denn alles musste gelebt werden. Nun wollte sie mich aber doch ganz für sich haben.

Durch meine Träume hatte ich jedoch bereits begonnen, nach anderen Beziehungen zu suchen. Wenn es mir auch unmöglich erschien, mit einer einzigen Frau zusammen ein tiefes spirituelles

Wachstum erfahren zu können, glaubte ich doch, dass verschiedene Aspekte meines Ideals bei einigen Frauen gewiss vorhanden waren. Außerdem hatte der Gründer des tibetischen Buddhismus, der erleuchtete Meister Padmasambhava, auch zwei Frauen gehabt. Sie waren für ihn wahrscheinlich Hilfsmittel zum Erlangen der Erleuchtung gewesen. Eigentlich war ich aber nicht der Typ, der mit mehreren Frauen gleichzeitig befreundet war. Wenn es jedoch meinen spirituellen Weg förderte, musste ich auch diese Möglichkeit in Anspruch nehmen.

Retraite in Indien: Ratten, Gurus und Dämonen

Zwei Freundinnen in Holland zu haben, diese Erfahrung brachte noch einiges mehr an Spannungen mit sich, als mir bisher lieb gewesen war. Mir fehlte die notwendige Ruhe zur Meditation. Darum reiste ich mitten in dieser Situation nach Indien, um dort eine buddhistische Retraite durchzuführen. Während meines ersten Aufenthalts in Indien hatte ich in Dharmsala bei Lama Zopa eine Einweihung in die Praktiken der Verehrung und der Vereinigung mit der roten Tantra-Göttin empfangen. Gleichzeitig hatte ich mich dazu verpflichtet, eine zweimonatige Retraite durchzuführen und dabei das Mantra der Tantra-Göttin vierhunderttausendmal auszusprechen. Ich nahm mir vor, zunächst nur die Hälfte dieser Verpflichtung einzulösen.

Vor Beginn meiner Retraite fuhr ich nach Dharmsala. Dort wollte ich mich in Ruhe auf mein Vorhaben vorbereiten und die nötigen spirituellen Segnungen dazu empfangen. Ich zog in ein Häuschen in der Nähe des Aufenthaltsortes meines Gurus Ling Rinpoche. Er war zwar vor einiger Zeit gestorben, aber ich glaubte, dass seine Kraft noch in seinem Haus und um sein Anwesen herum wirksam war. Sein Körper wurde mit Hilfe von ganz bestimmten Maßnahmen erhalten. Eine Bildhauerin aus Kanada, selbst Schülerin von Ling Rinpoche, war beauftragt worden, eine Plastik zu erstellen, mit der sie den einbalsamierten Körper umhüllen sollte. Ab und zu durfte ich mir Teile ihres Werkes anschauen. Sie äußerte, sie fühle sich sehr geehrt und gesegnet durch diese schwierige Arbeit.

Der Tod unseres Gurus änderte nichts an seiner telepathischen Verbindung zu Iris. Sein erleuchtetes Wesen sollte sich in einem

Zwischenzustand, genannt Bardo, befinden und zu einem ganz bestimmten Zeitpunkt wieder in einem menschlichen Leib inkarniert werden. Heimlich hoffte ich, ihn vielleicht in einem kleinen tibetischen Baby zu erkennen.

Ling Rinpoches geistliche Errungenschaften waren schon vorher auf verschiedene lebende Meister (wie den Dalai Lama) übertragen worden.

Man sagte mir, dass in der Nähe ein Meister der tantrischen Meditation wohnen würde, der mir einige Fragen zu meinen Meditationspraktiken beantworten könne. Außerdem war es gut möglich, dass auch auf *ihn* einige der geistlichen Erkenntnisse meines verstorbenen Gurus übertragen worden waren, da die beiden aus derselben Schule stammten.

An einem regnerischen Nachmittag durfte ich diesen Meister in seiner Hütte besuchen. In dem engen Raum voller Tankas und heiliger Schriften saß ein kleiner, hagerer Mann in Mönchskleidern. Es war offensichtlich, dass er seine Übungen soeben erst unterbrochen hatte, denn er schien noch in anderen Sphären zu verweilen, als ich mich, der Sitte entsprechend, dreimal vor ihm niederwarf und ihm ein Geschenk überreichte. Er schien besonders sanftmütig und beantwortete meine Fragen mit viel Geduld. Außerdem sagte er, ich könne ihm jederzeit weitere Fragen zu meiner Meditationspraxis stellen. Erst später, im Verlaufe meiner Retraite, merkte ich zu meinem Erstaunen, dass er dieses Angebot wörtlich gemeint hatte. Es hatte den Anschein, als ob die leibliche Distanz keine Rolle spielte und er auf Abruf sofort vor meinem inneren Auge erschiene.

Auf Anraten dieses Meditationsmeisters wählte ich für meine Retraite den kleinen Ort Kullu im Norden Indiens, an dem bereits Padmasambhava, der Gründer des tibetischen Buddhismus, zusammen mit einer seiner Frauen meditiert hatte. Für die Tibeter ist Kullu ein heiliger Ort. Man glaubt, dass die Erleuchtungskraft dieses großen Gurus noch heute, nach ungefähr 1 200 Jahren, dort vorhanden ist.

Es geht die Legende um, dass der damals regierende König auf Anraten einiger böser Männer den erleuchteten Meister und seine Frau (die Tochter desselben Königs) an diesem besagten Ort umbringen lassen wollte. Sie wurden auf einen Scheiterhaufen gesetzt, ein Feuer wurde entzündet. Im selben Moment kam ein Sturzregen vom Himmel und füllte das kleine Tal mit Wasser, so dass die Übeltäter, die das Feuer entzündet hatten, im Wasser umkamen, während der Meister selbst, seine Frau umarmend, auf einer Lotusblüte inmitten des entstandenen Sees saß. Der König wurde durch dieses Ereignis zum Anhänger des Tantra-Meisters. Noch heute erinnert der kleine See des Tales an diese Legende. Die Tibeter nennen diesen Ort deswegen Tso Pema (Lotussee). Legenden dieser Art wurden uns von den buddhistischen Lehrern häufig erzählt.

Als ich nach einer beschwerlichen nächtlichen Busreise in dem kleinen Ort ankam, der um den See herum gelegen ist, fiel mir der tibetische Einfluss sofort auf: Es gab hier insgesamt drei tibetische Klöster und viele Tibeter, die den See laut betend umkreisten. Nachdem China Tibet 1959 eingenommen hatte, flüchteten viele tibetische Geistliche nach Indien, wo sie im Exil leben mussten. Mit der finanziellen Hilfe von am Buddhismus interessierten westlichen Menschen wurden auch hier einige Klöster gebaut.

Ich mischte mich zwischen die Pilger und umrundete den kleinen See auch ein paar Mal. Schon bald sprachen mich einige junge Mönche an, die Englisch gelernt hatten. Als sie von meinem Vorhaben hörten, stellten sie mir ein Zimmer in ihrem Kloster zur Verfügung. Ein junger Meditationslehrer schloss Freundschaft mit mir. Er sprach zwar kaum Englisch, aber seine Schüler, zwei etwa zwölfjährige Jungen, traten als Übersetzer auf. Der Lehrer schlug vor, dass ich meine Retraite nicht in dem unruhigen Dorf halten sollte, sondern auf dem Berg oberhalb des Dorfes. Außer der Ruhe und Abgeschiedenheit sollte dort auch noch die größte Kraft des Padmasambhava wirksam sein. Er selbst hatte ebenfalls auf dem Berg meditiert.

Der Lehrer bot mir seine Hütte an, die er speziell für seine Meditationspraxis dort oben eingerichtet hatte. Seine beiden Schüler würden mir die nötigen Nahrungsmittel auf den Berg bringen. Das schien mir ein guter Plan. Es kam mir so vor, als ob alles schon vorbereitet war. Zusätzlich half mir der Lehrer bei den vielen Vorbereitungen, die ich zu treffen hatte. In einer nahe gelegenen größeren Stadt kaufte ich die Dinge, die ich unbedingt benötigte, beispielsweise Reis, Mehl und Kerzen.

Zusammen mit dem Lehrer und dem Leiter eines der drei tibetischen Klöster am See, einem jungen Tulku, wurde anhand eines Mondkalenders der richtige Tag für den Beginn meiner Retraite ausgewählt.

Am festgesetzten Tag trug ich mit Hilfe der zwei jungen Schüler des Lehrers meine Sachen auf den Berg und richtete die Hütte ein. Sie war aus Lehm gebaut und hatte ein Blechdach. Der hintere Teil bestand aus der Wand des überhängenden Felsens. Die einzigen Möbelstücke waren zwei alte Holzbetten. Durch ein kleines Fenster fiel ein wenig Licht in den Raum. Ich gab dem Lehrer noch Geld, damit er die jungen Mönche beauftragte, mir alle zwei Tage frisches Gemüse und Milch zu bringen. Da ich nicht sprechen durfte, fertigte ich eine Einkaufsliste an.

Mein Essen kochte ich mir in der Hütte auf einem kleinen Gaskocher. Meine Toilette war die Umgebung meiner Hütte. Etwa ein paar hundert Meter von meinem Meditationsort entfernt gab es eine Wasserpumpe, an der ich mich wusch und mein Trinkwasser holte. Die Pumpe benutzte ich zusammen mit einigen tibetischen Nonnen, die im Umkreis wohnten oder sich auch in einer Retraite befanden.

Natürlich baute ich mir auch einen Altar, vor dem ich während der Meditation auf einem der Betten Platz nahm, um nicht auf dem kalten Boden sitzen zu müssen. Auf dem Altar standen mehrere Fotos meiner Gurus und viele kleine Opferschalen, in denen sich verschiedene vorgeschriebene Substanzen wie Reis, Wasser, Weihrauch und Blumen befanden. Ich hatte mir auch Tormas anfertigen lassen, verschiedene symbolische Figuren aus Teig, die ebenfalls meinen Altar zierten.

Durch die Nahrungsmittel wurden leider die Ratten der Umgebung angezogen. Täglich starteten sie Angriffe auf die Lebensmittel auf meinem prächtigen Altar. Anfänglich verteidigte ich ihn mit Händen und Füßen. Als ich dann jedoch auch nachts wegen der Ratten wenig Ruhe bekam, warf ich nach einer Woche die bereits angeknabberten Teigfiguren weg. Eines Tages beobachtete ich, wie eine Ratte in meinen Rucksack kroch, den ich oben an einem Deckenbalken aufgehängt hatte. Ich nutzte die Gelegenheit, packte den Rucksack, hielt ihn mit beiden Händen zu und trug die Ratte samt Rucksack ein paar Kilometer weiter, wo ich sie in die Freiheit entließ – denn Tiere durften ja nicht getötet werden.

So erlebte ich einen einsamen Monat. Ich war allein mit mir selbst, den Ratten, den Gurus, die geistlich anwesend sein wollten, und den Dämonen der Umgebung. Täglich meditierte ich auf die rote Vajra-Yogini-Göttin. Nur die Sadhanas (die vorgeschriebenen Meditationstexte) und die Mantras, die zur Verehrung der zornigen weiblichen Buddhafigur vorgegeben waren, durfte ich laut aussprechen. Mehr nicht!

Der Mensch hat normalerweise die Neigung, sich ständig mit anderen zu vergleichen. Diese Möglichkeit war mir nun genommen. Ich konnte mich nur noch selbst beobachten und bemerkte, wie unruhig ich eigentlich war und wie viel Mühe es mich kostete, konzentriert bei der Sache zu bleiben. Nach zwei Wochen kamen immer mehr negative Gedanken in mir auf. Um dagegen anzukämpfen, entschloss ich mich, besonders laute Gebete zu sprechen und dabei mit einem Stock auf eine Blechdose zu schlagen, in der Hoffnung, dass dadurch die Dämonen verjagt würden.

Die Buddhisten sind der Meinung, dass Energien, spirituelle Kräfte und Dämonen der Umgebung die Meditationspraktiken beeinflussen. Es heißt, dass Padmasambhava den Buddhismus nach Tibet brachte, indem er durch magische Praktiken die Dämonen für seine Religion zu gewinnen suchte. Heute noch sprechen die Tibeter meistens vor den Meditationen Gebete aus, wobei laut auf Trommeln geschlagen wird, um die negativen Mächte zu vertreiben und anschließend die positiven geistlichen Mächte der Umgebung, auch durch Opfergaben, günstig zu stimmen.

Es war Regenzeit. Die schweren Regengüsse trommelten auf das Blechdach der Hütte. Die Feuchtigkeit und das Regenwasser drangen durch viele Ritzen und Löcher. Wenn ich meine Wäsche wusch, wusste ich nicht, wie ich sie trocken bekommen konnte. Blieb der Regen aus, war es meistens neblig, so dass ich auch in meiner freien Zeit keine Ablenkung durch eine schöne Aussicht hatte. Eine kleine Glühbirne gab manchmal an den dunklen Abenden eine minimale Beleuchtung. Meistens war jedoch der Strom ausgefallen. Dann versuchte ich mit einer Kerze in der Hand die vorgeschriebenen Texte zu lesen.

Fünfmal pro Tag sprach ich die langen Texte durch und erfüllte die vorgeschriebenen Visualisierungsübungen. Durch bestimmte Atemtechniken versuchte ich in andere Bewusstseinszustände zu kommen. Ehrlich gesagt habe ich an mir kaum irgendwelche Wirkungen der Meditationsübungen gespürt. Ich war schon sehr froh, wenn ich die zweistündigen Sitzungen ohne allzu viele Schmerzen überstanden hatte. Nach meiner Retraite kostete es mich einige Mühe, wieder längere Strecken zu gehen.

Nach Ablauf des Monats freute ich mich, alles hinter mich gebracht zu haben, und lud den jungen Meditationslehrer, seine zwei Schüler und zwei Nonnen, die in der Nähe wohnten, zum Essen ein. Es war ein gemütliches Beisammensein. Die Nonnen staunten über meine Kochkünste. Es wurden humorvolle Geschichten von berühmten Yogis und Lehrmeistern erzählt. Doch war es seltsam, wieder in der Gemeinschaft von Menschen zu sein und sich mit ihnen zu unterhalten, auch wenn das Gespräch etwas mühsam war, weil meine Gäste kaum Englisch sprachen.

Keiner der Anwesenden hatte ein einfaches Leben. Sie existierten von den Gaben, die sie von anderen Leuten bekamen. Der Lehrer machte sich oft Gedanken um die Versorgung der zwei jungen Mönche. Er selbst war krank und hatte häufig starke Magenschmerzen, konnte aber nicht zum Arzt gehen, weil er kein Geld hatte. Er relativierte seine Schmerzen und meinte, die Erleuchtung würde ihn wieder gesund machen. Ich hatte bereits an einem anderen Ort einen Mönch kennen gelernt, der mich um Geld bat, weil er wegen eines Magengeschwürs zum Arzt musste. Er hatte große Angst, daran zu sterben.

Nach der Retraite reiste ich zurück nach Dharmsala, um dort noch eine vorgeschriebene Feueropferzeremonie durchzuführen. Eine Anzahl verschiedener, mir unbekannter Körner und Kräuter musste unter dem Aussprechen von Gebeten verbrannt werden. Zwei Mönche halfen mir, die Zutaten zu kaufen und die Zeremonie in der exakt vorgeschriebenen Form durchzuführen. Wegen der andauernden Regenfälle war für diese Opferzeremonien ein überdachter Feuerplatz gebaut worden.

Die Zeremonie dauerte Stunden. Die zwei Mönche, die mir behilflich waren, meinten, es sei ein günstiges Zeichen, dass alle Zutaten vom Feuer verschlungen wurden. Hinterher trafen wir uns mit der ganzen Klosterabteilung, zu der die beiden gehörten. Man hielt eine feierliche Puja ab, eine spezielle Opferzeremonie, weil ich für alle Mönche eine Mahlzeit gespendet hatte.

Die persönliche Begegnung mit dem Dalai Lama

In der Zwischenzeit hatte Iris mir einen Brief nach Dharmsala geschickt und mich gebeten, den Dalai Lama wegen ihrer Schlafprobleme um Rat zu fragen. Für mich selbst hätte ich den Mut nicht aufgebracht, eine solch hohe geistliche Persönlichkeit um ein Gespräch und um Heilung zu bitten.

Ein Besuch beim Dalai Lama musste bei seinem Sekretär angemeldet werden. Mit Zittern und Zagen klopfte ich an die Haustür der Privatwohnung des Sekretärs. Er ließ mich in seine geräumige Wohnung eintreten, wo sich mehrere Gäste aufhielten. Ich erzählte ihnen, dass ich gerade eine Retraite hinter mich gebracht hatte, und trug dann mein Anliegen vor. Alle waren von meiner Geschichte angetan, und der Sekretär meinte, er wolle es versuchen, in dem ausgebuchten Terminplan des Dalai Lama noch eine Lücke zu finden. Da der Dalai Lama auch das politische Oberhaupt der Tibeter ist, empfängt er natürlich viele Abgesandte aus verschiedenen Ländern. Einen Tag vor meiner Abreise hatte ich dann tatsächlich noch die Möglichkeit, ihm zu begegnen.

Mit klopfendem Herzen und einem Geschenk, das ich speziell hatte anfertigen lassen, saß ich ehrfürchtig im Wartezimmer. Das Geschenk war ein Kerzenständer in der Form eines Herzens, womit ich die Gabe meines Herzens symbolisch darstellen wollte. Es war mir gelungen, trotz ständiger Regenfälle noch saubere Kleidung zu bewahren. Das Geschenk hatte ich in ein weißes Tuch gehüllt.

Nach einiger Zeit trat ein Tibeter in einem schwarzen Gewand auf mich zu und bat mich, ihm zu folgen. Er führte mich in einen Empfangsraum, der mit tibetischen Teppichen geschmückt war. Die Wände waren mit schlichten Brokatstoffen bekleidet. Die Atmosphäre wirkte eher offiziell als religiös.

Während ich in ängstlicher Erwartung dastand, holte der schwarz gekleidete Mann den Dalai Lama herein. Er sah genauso aus wie auf den Bildern in den Medien: Er trug eine Brille und war in ein dunkelrotes Mönchsgewand gekleidet. Darüber lag ein frisch gebügelter gelber Überwurf, wie ihn die Lehrmeister seiner Schule, der so genannten Gelugpa-Schule, während offizieller Lehrveranstaltungen oder Zeremonien tragen. Sein Gang war etwas gebeugt, vielleicht als Ausdruck seiner Demut.

Er kam jedoch unerwartet schnell auf mich zu, denn noch bevor ich mich in üblicher Weise auf den Boden werfen konnte, hatte er bereits meine Hand ergriffen. Er schaute mir tief in die Augen und fragte, während er mir freundschaftlich auf die Schulter klopfte, wie es mir ginge.

Ich stammelte nur einige unbeholfene Worte und bot ihm mein Geschenk an. Es war, als ob alle Probleme sich in seiner Gegenwart zu relativieren begannen. Ich war so fasziniert von seiner Persönlichkeit, dass ich kaum noch Worte fand.

Der Dalai Lama bestaunte mein Geschenk einen Moment lang entzückt, gab es dann dem Diener und entließ ihn mit einigen tibetischen Worten. Nun waren wir ganz alleine. Dann wies er mich an, neben ihm auf einer Art Sofa Platz zu nehmen, und fragte ganz direkt, wozu ich gekommen sei.

Nachdem er mir noch einige Male beruhigend auf die Schulter geklopft hatte, versuchte ich schließlich, ihm das komplexe Problem meiner Freundin Iris zu beschreiben. Als ich erwähnte, dass er ja einer der telepathischen Begleiter von Iris sei – und durch sie indirekt auch von mir –, reagierte er kaum; er ging gar nicht darauf ein. Auch meine Erläuterungen über den therapeutischen Prozess, in den Iris und ich verwickelt waren, schien er nicht recht nachvollziehen zu können.

Seine Antwort war für mich dementsprechend enttäuschend. Die Lösung, die er für Iris vorschlug, bezog sich nur auf bestimmte buddhistische Heilmethoden und auf Meditationspraktiken, die sie ausüben sollte.

Anschließend erkundigte er sich nach meiner Retraite und fragte, wie viele Mantras der Vajra Yogini, der zornigen weiblichen Buddhafigur, ich ausgesprochen hätte. Mir kam es vor, als hätte die Anzahl eine Bedeutung für meinen geistlichen Stand. Er lobte meine Bemühungen, ermutigte mich weiterzumachen und verabschiedete mich herzlichst.

Beeindruckt von seiner persönlichen Ausstrahlung, aber ein wenig enttäuscht über seine Antwort zu Iris' großen Nöten, verließ ich die Residenz. Als erstes rannte ich zu einer Toilette. Ob es meine Nerven waren oder die reinigende Wirkung dieser Begegnung, wusste ich nicht, aber ich wurde auf einmal von einer tagelangen Verstopfung befreit. Im nahe gelegenen Tempel entzündete ich noch viele Kerzen, um den Gebeten für die Heilung von Iris, für die Reinigung der Beziehung zu meinen Eltern und zu meiner Schwester mehr Kraft hinzuzufügen.

Am Abend begegnete ich zwei jungen Frauen, einer Engländerin und einer Israelitin, die in der Nähe des Hauses wohnten, in dem ich mich aufhielt. Auch sie hatten ein starkes Interesse am tibetischen Buddhismus. Wir aßen gemeinsam und rauchten anschließend Haschisch. Durch die Droge beeinflusst, war es plötzlich, als sei die ganze Welt durch die Worte, die wir aussprachen, aufgebaut. Dies war eine so phantastische Erfahrung, dass ich annahm, ich erlebte gerade eine geistliche Realisation, also die Bewusstwerdung einer spirituellen Wahrheit, die mir bislang verschlossen gewesen war. Sicherlich hatte ich diese Stufe auf dem Weg zur Erleuchtung aufgrund meiner intensiven Meditationspraktiken des vergangenen Monats und durch den Segen des Dalai Lama verdient.

Erfüllt von den vielen Eindrücken, stieg ich am nächsten Tag in den Bus, um nach Bombay zu fahren und von dort aus nach Amsterdam zu fliegen, wo meine beiden Freundinnen auf mich warteten. Schon sehr bald musste ich entdecken, dass meine so genannte geistliche Realisation, nämlich die Erkenntnis, dass sich die ganze Welt aus bestimmten Worten und Klängen zusammensetzt, im täglichen Leben so gut wie keine Veränderung mit sich brachte. Genau wie meine Erfahrungen mit der Meditation und mit dem Haschischrauchen war auch dieses jüngste Erlebnis in seinen Auswirkungen wie ein Blatt im Wind.

Das Rheinschiff «Cornelia» – mein eigenes Therapiezentrum

Meine zweite Freundin löste die Beziehung zu mir auf. Sie wollte mich nicht mit einer anderen Frau teilen, und ich wollte Iris nicht im Stich lassen. Nicht lange danach heiratete sie und wurde schwanger, so wie sie es sich gewünscht hatte.

Iris hatte aus ihrer Wohnung, die wir zusammen renoviert hatten, ein Therapiezentrum gemacht. Soweit es ihr möglich war, gab sie Kurse zum Thema «Innere Heilung durch Lichtmeditationen» und private Therapiesitzungen. Auch ich begann allmählich, mir eine private Praxis aufzubauen, und bot Massage- und Atemsitzungen (Rebirthing) an. Offiziell lebten wir aber von der Arbeitslosenunterstützung, die wir beide erhielten.

Von dem verdienten Geld kaufte ich mir einen Gebrauchtwagen, mit dem ich nach einer durchwachten Silvesternacht neben der Straße landete, weil ich am Steuer eingeschlafen war. Während der ganzen Nacht hatte ich mit anderen zusammen meditiert und Mantras gesprochen. Es war ein Wunder, dass ich ganz sanft in einem weichen Graben landete und nur das Auto Schaden erlitt. Der zweite Wagen, den ich mir kurz darauf zulegte, hielt ebenfalls nur ein paar Monate. Nach einem heftigen Streit mit Iris fuhr ich auf dem Nachhauseweg einen aggressiven Fahrstil. Ich geriet auf einen halb geöffneten Kanaldeckel, kam ins Schleudern und stieß frontal mit einem entgegenkommenden Taxi zusammen.

Dieser sehr unsanfte Zusammenstoß war mir eine Warnung. Diesmal kam ich noch mit dem Schrecken davon, aber wie lange konnte das gut gehen? Heftige Wortgefechte, weglaufen, die Beziehung beenden wollen und nach langen nächtlichen Gesprächen wieder Versöhnung feiern – diese Abläufe waren immer noch gang und gäbe bei uns. Die vielen Frustrationen gehörten dazu und mussten durchlebt werden. Tief in meinem Herzen hatte ich jedoch ständig das Gefühl, ein Verlierer zu sein.

Unerwartet kamen wir mit einem Mann in Kontakt, der gemeinsam mit seinem Freund einen alten Rheinkahn, die «Cornelia», zu einem Therapiezentrum ausgebaut hatte. Er wollte dieses Schiff nun verkaufen, da sein Freund sich von ihm getrennt hatte. Spontan beschloss ich, das Schiff zu erwerben. Mein Vater lieh mir das nötige Geld dafür. Der Besitz und die Leitung dieses Therapiezentrums hoben mein Selbstbewusstsein wieder ein wenig an. Meine Wohnung befand sich nun im Bug des Schiffes, wo auch der frühere Kapitän mit seiner Familie gewohnt hatte.

Alles, was vor Jahren einmal Ladefläche gewesen war, hatte der Besitzer zu Therapieräumen umgebaut. Es gab sogar ein großes Warmwasserbecken, in dem unter Wasser Atemsitzungen abgehalten werden konnten. Auf dem Schiff konnte man so viel Lärm machen, wie man wollte, denn es lag etwas abseits von einem kleinen Hafenbecken, am Rande eines Wäldchens. An Wochenenden vermietete ich die «Cornelia» häufig an alternative Therapiegruppen. Durch die Vermietungen konnten die meisten Unkosten bereits gedeckt werden.

Da ich mein Psychologiestudium nun endlich abschließen wollte, machte ich ein Praktikum in der psychiatrischen Abteilung eines Krankenhauses. Ich führte dort eine Untersuchung durch, über die ich dann meine Examensarbeit schrieb. Es schien mir fast wie ein Wunder, als ich mein Diplom schließlich in der Tasche hatte. Auch das trug ein Stück dazu bei, dass mein Selbstbewusstsein langsam wieder wuchs.

Meine Eltern waren stolz auf mich und halfen mir manchmal auf dem Schiff. Mein Vater hatte gerade seinen Hof verkauft, weil keines seiner Kinder ihn übernehmen wollte. Die Eltern waren froh, jetzt mehr Zeit für sich zu haben, und sie erhofften sich mit diesem Schritt den Beginn eines neuen Lebens. Vielleicht waren sie darum sogar bereit, bei mir Atemsitzungen zu machen. Auf jeden Fall zeigten sie mir ihr Vertrauen und ihre tatkräftige Unterstützung für meine Zukunft, die als Psychologe, Therapeut für alternative Therapieformen und Leiter eines Zentrums für New-Age-Therapien plötzlich ganz Erfolg versprechend aussah.

Vaters Unterwasser-Therapie auf meinem Schiff

Die Menschen, die zu mir kamen, um eine therapeutische Sitzung zu besuchen, waren in der Regel nicht psychisch krank. Sie hatten Bereiche in ihrem Leben, die ihnen Schwierigkeiten machten, wie beispielsweise im Beruf oder in einer Partnerbeziehung. Oft waren sie auch einfach nur unzufrieden mit ihrer Lebensqualität. Meistens gingen sie nach der Sitzung erfüllt und zufrieden nach Hause, da sie durch das tiefe Atemholen und die anschließende Entspannung ihre Ängste und Sorgen loslassen konnten. Nach meinen ersten Atemsitzungen hatte ich mich ebenfalls fast immer gut gefühlt. Als jedoch das Neue mehr und mehr zur Gewohnheit wurde, verblassten die Erfahrungen.

Während ich neben meinen Klienten saß, die meistens in eine Decke gehüllt und auf einer Matratze liegend atmeten, schien es mir, als ob geistliche Mächte an ihnen arbeiteten. Ich selbst war eigentlich mehr oder weniger nur Zuschauer. Anschließend fühlte ich mich überwiegend leer. Mit der Zeit wurde ich immer unzufriedener mit meiner Arbeit. Zu Beginn sah es noch so aus, als würden allerlei phantastische Dinge geschehen; am Ende zeigte sich, so war mein Eindruck, jedoch keine wirkliche Veränderung.

Das Wichtigste an meiner Arbeit war für mich die Tatsache, dass meine Eltern bei mir Sitzungen nahmen. Nach den schwierigen Konfrontationen, die wir jahrelang miteinander gehabt hatten, veränderte sich unsere Beziehung nun zum Positiven. Vielleicht beeindruckte sie meine neue Lebenssituation. Möglicherweise war es auch meine wesentlich größere Offenheit, die sie neugierig machte und auch in ihnen den Wunsch auslöste, kommunikationsfähiger zu werden.

Mein Vater nahm als erster mein Angebot zu einer Rebirthing-Sitzung an. Er gab sich tatsächlich dieser Atemmethode ganz hin. Manchmal lag er wie ein kleines Kind in meinen Armen. Ich wusste, dass seine Mutter gestorben war, als er sechs Jahre alt war. Nun erlebte ich zum ersten Mal, wie allein er sich oft gefühlt hatte. Wir lernten einander von einer ganz anderen Seite kennen. Das war für mich ein großes Wunder.

Meine Mutter folgte dem Beispiel meines Vaters. Da ich mit ihr bisher immer die schwierigsten Gespräche gehabt hatte, war ich jetzt in den Sitzungen gefordert, meine negativen Gefühle und meinen Zorn zur Seite zu stellen. Indem ich auch ihre Verletzungen aus der Kindheit erkannte, lernte ich, Mutter besser anzunehmen. Sie hatte inzwischen sogar selbst damit begonnen, die Beziehung zu ihren Eltern zu klären. So ergab es sich, dass auch meine Großeltern mit in den Reinigungsprozess einbezogen wurden.

Durch meine zweijährige Zusatzausbildung hatte ich einen Therapeuten kennen gelernt, der Schulungen zum Thema «Liebevolle Beziehungen» organisierte. Ich lud ihn für ein Wochenende als Leiter zu einem Generationstraining ein. Das bedeutete, dass Menschen mit ihren Eltern und wenn möglich ihren Großeltern zusammen kommen konnten, um gemeinsam an ihren Beziehungen untereinander zu arbeiten.

An jenem Wochenende kamen auch meine Eltern und die Eltern meiner Mutter auf mein Schiff. In einfachen Übungen sprachen wir einander unsere Dankbarkeit und unsere Vergebung zu. Viele der Teilnehmer waren tief gerührt, als Worte, die normalerweise nicht gesagt werden, in diesem geschützten Rahmen ausgesprochen werden konnten. Selbst mein Großvater, ein stolzer friesischer Bauer, war sehr bewegt, als seine Tochter ihm zum ersten Mal in seinem Leben ein Dankwort zusprach.

Wie bereits gesagt, sah ich in diesen Begegnungen den hauptsächlichen Sinn meiner Arbeit. Ein gutes Jahr später verstärkte sich diese meine Überzeugung noch durch eine Unterwasser-Sitzung, die ich mit meinem Vater durchführte. Da diese neue alternative Therapieform doch etwas Sensationelles an sich hatte, interessierte sich das öffentlich-rechtliche niederländische Fernsehen für meine Arbeit.

Eines Tages kam ein Kamerateam, um für eine Fernsehsendung Aufnahmen zu machen. Dies war natürlich die Gelegenheit, Reklame für das Zentrum und meine Arbeit zu machen. Ich benötigte allerdings Menschen, die bereit waren, sich öffentlich in einer therapeutischen Sitzung zu zeigen. Die meisten meiner alternativen Freunde erteilten mir eine Absage. Im letzten Moment bat ich in der Not meinen Vater, dass er doch kommen möge. Spontan entschloss er sich mitzumachen.

Das Fernsehteam hatte eine Sitzung dieser Art noch nie erlebt. Es wurde beschlossen, zuerst eine Gruppensitzung aufzunehmen. Anschließend sollte einer der Anwesenden für Aufnahmen im Wasserbecken ausgewählt werden.

Ich begann die Sitzung mit einer geleiteten Lichtmeditation: Die Teilnehmer wurden aufgefordert, auf ihren Körper und ihren Atem zu achten, um sich dann vorzustellen, dass Licht durch den

Scheitelpunkt in ihren Körper fließt und ihn Glied für Glied durchströmt. Dazu war es notwendig, sich (beziehungsweise den Scheitel) zu öffnen, damit das Licht, das aus dem Kosmos kommt, hineinströmen konnte. Nach dieser Meditation begann das bewusste Atmen.

Mittlerweile waren alle Teilnehmer zur Ruhe gekommen, die Anwesenheit des Kamerateams war unwichtig geworden. Als Leiter der Gruppe war es mir natürlich nicht möglich, so tief in den Atemprozess einzusteigen. Ich spürte nach einiger Zeit, dass bei mehreren Teilnehmern negative und positive Gefühle aufgewühlt wurden. Darum forderte ich alle in der Gruppe auf, die Augen zu öffnen und untereinander Kontakt aufzunehmen. Alle Gefühle durften ausgesprochen werden. Unter dieser Aufforderung entstand eine Atmosphäre der völligen Annahme, die bei vielen Anwesenden Tränen der Trauer oder der Rührung auslöste.

Mein Vater hatte sich in dem Gruppenprozess ganz und gar hingegeben. Das beeindruckte das Fernsehteam sehr, denn eigentlich gehörte er ja als «ganz normaler Bauer» nicht zur alternativen Szene. Und gerade deswegen, weil er so «normal» war, wurde er für die Unterwasser-Sitzung ausgewählt, denn dadurch wurde die Seriosität der Therapieform unterstrichen. So stiegen wir zu viert ins Bad: der Kameramann, eine Kollegin, die mich unterstützte, mein Vater und ich.

Mein Vater tat sein Bestes, um nach unseren Anweisungen und unter den wachenden Augen des Kameramannes mit dem Schnorchel unter Wasser tief und gut durchzuatmen. Das warme Wasser, in Verbindung mit der Atemtechnik, lässt in vielen Fällen recht schnell das Gefühl aufkommen, man befände sich in der Gebärmutter. Auch der Geburtsvorgang selbst kann dadurch wieder in Erinnerung gerufen werden. Je nachdem, wie schwer die Geburt war oder welche Folgen damit verbunden waren, erlebt der Atmende die entsprechenden Gedanken und Gefühle.

Schon nach kurzer Zeit fiel es meinem Vater schwer zu atmen. Verkrampfungen traten auf. Normalerweise hätte ich ihn in dieser Situation nicht mehr mit dem Schnorchel unter Wasser atmen lassen. Ich hätte die Atemtätigkeit auf ein Minimum reduziert und ihn, auf dem Rücken liegend, im Arm gehalten. Der Kameramann bat mich aber, ein wenig weiterzumachen, weil er unbedingt noch eine bestimmte Unterwasser-Aufnahme machen wollte.

Während ich meinen Vater ermutigte, noch eine Weile durchzuhalten, spürte ich die Angst, die sich in ihm breit machte. Seine Geburt war sehr schwierig gewesen. Alle hatten um das Leben der Mutter gebangt. Sie hatte sich auch nie wieder von der Geburt erholt und starb sechs Jahre später an den Folgen. Vielleicht hatte man sich aus diesem Grund auch mehr mit der Mutter befasst als mit dem gerade geborenen Kind.

Während mein Vater unter Wasser war und noch einige Male tief durchatmete, kam ein Satz in mir auf, den ich ihm von ganzem Herzen zusprach und der offenbar eine Schlüsselbedeutung für sein Leben hatte: «Du gehörst ganz und gar zu uns!» Spontan drehte sich mein Vater, der das Gesicht noch unter Wasser gehabt hatte, um und blickte uns an, als ob er ausdrücken wollte: «Ja, ich gehöre zu euch!»

Alle Verkrampfungen lösten sich sofort. Es war, als ob er sich zum ersten Mal wirklich angenommen fühlte. Die Freude darüber strahlte aus seinem Gesicht.

Nachdem wir das Bad verlassen hatten, fragte ihn der Journalist, wie er sich fühle. Vater antwortete spontan: «Ich fühle mich wie ein kleiner Junge auf einer Blumenwiese!» Das war tatsächlich sichtbar. Alle Anwesenden waren überrascht über das Geschehene und versorgten ihn wie ein gerade geborenes Kind, indem sie ihn mit liebevoller Stimme ansprachen, ihm Tee zu trinken gaben und seinen Rücken sanft abtrockneten.

Diese Erfahrung machte solch einen tiefen Eindruck auf meinen Vater, dass er beschloss, ebenfalls die Rebirthing-Ausbildung zu machen. Als die Sendung ein halbes Jahr später gleich nach den Abendnachrichten im niederländischen Fernsehen gezeigt wurde, rührte mich die Situation immer noch an. Viele Zuschauer waren ebenso angesprochen und riefen an, um gleichfalls Erfahrungen dieser Art zu machen.

Meine Praxis hätte nun voll aufblühen können, wenn ich inzwischen nicht beschlossen hätte, sie aus ganz bestimmten Gründen aufzugeben.

Die Frau mit den tiefblauen Augen

Die Spannungen mit meiner Freundin waren mir ein Dorn im Auge. Immer öfter spiegelten mir meine Träume eine ideale Frau vor. Ein Therapeut aus der Esoterik deutete an, dass es diese Frau wohl nur in der geistlichen Welt gäbe. Das konnte ich aber nicht ganz glauben. Obwohl ich ja schon mehrere Male auf weibliche Gottheiten meditiert hatte, wollte ich meine Traumfrau auch in der Welt finden. Es war mir klar, dass ich selbst mit einer idealen Frau an einer Beziehung würde arbeiten müssen. Doch die Basis würde dann zumindest stimmen.

Denn genau an diesem Punkt mangelte es gerade im Zusammenleben mit Iris. Die vielen Versprechungen, mich zu verändern, halfen nichts. Dadurch wurden lediglich meine Schuldgefühle immer größer. Im Tiefsten meines Herzens lehnte ich diese Beziehung ab. Die so genannten geistlichen Gründe, nämlich Iris zu helfen und in der Liebe und im Mitgefühl als Buddhist wachsen zu wollen, schienen nicht wirklich tragfähig zu sein.

In langen Gesprächen fand ich endlich den Mut, meinen Wunsch, die Beziehung zu beenden, auszusprechen. Iris verstand meinen Wunsch, meinte aber, es müssten zuerst noch bestimmte Teile ihres momentanen Verarbeitungsprozesses abgerundet werden. Die Folge davon war, dass unsere Beziehung weiter aufrecht erhalten wurde, da der Verarbeitungsprozess natürlich kein Ende fand.

Eines Tages gab uns jemand den Rat, die neue chemische Droge XTC auszuprobieren. Sie würde uns eine andere Sichtweise für unsere Beziehung geben. Wir nahmen diese Droge und begaben uns in einen Park in Amsterdam. Während wir dort spazieren gingen und auf die Wirkung warteten, bekamen wir wieder einmal einen heftigen Streit. In großem Zorn und gegenseitiger Ablehnung liefen wir auseinander. Ich ging gerade auf den Ausgang des Parks zu, als die Wirkung der Pille einsetzte. Ein enormes ekstatisches Gefühl breitete sich in mir aus.

Plötzlich sah ich Iris. Sie kam aus einer anderen Richtung des Parks und ging Hand in Hand mit einem Afrikaner dem Ausgang entgegen. Sie entdeckte mich nicht. Mit großem Erstaunen blickte ich den beiden nach, während sie den Park verließen. Kopfschüttelnd hörte ich mich nur sagen: «Children of the world.» Diese Erfahrung verdeutlichte mir, dass die Beziehung nicht aufrechterhalten werden musste. Trotzdem fand ich nicht den Mut, eine klare Entscheidung zu treffen.

Eines Tages besuchte ich ein Treffen aller Jahrgänge meiner alternativen therapeutischen Ausbildung. Zu diesem Zweck kamen Menschen aus Belgien, Holland und Deutschland für ein ganzes Wochenende zusammen. Alle hatten in demselben therapeutischen Institut eine Ausbildung gemacht. Iris war mit mir gefahren, um das Wochenende in dem nahe gelegenen buddhistischen Maitreya-Institut zu verbringen. Wie immer kam ich viel zu spät, was mir aber nichts ausmachte. An diesem Tag fühlte ich mich sehr gut. Alle Anwesenden saßen in einem großen Kreis. Einer nach dem andern berichtete über den Weg, den er in der Zwischenzeit gegangen war. Als ich eintrat, wurde ich sogleich mit einem lauten «Hallo Martin!» begrüßt, wodurch ich mich richtig willkommen fühlte.

Nachdem ich in der Runde einen Platz gefunden hatte, sah ich mir zunächst mal alle Gesichter an. Viele davon kannte ich. Plötzlich entdeckte ich eine mir unbekannte junge Frau, die mich mit tiefblauen Augen ansah. Es stand ein unaussprechliches Verlangen in diesen Augen; ein Verlangen, das ich bis dahin nur aus meinen Träumen kannte. Der Blickkontakt weckte in mir die Erinnerung an die in unregelmäßigen Abständen immer wieder auftretenden Träume von der idealen Frau. Vielleicht war sie diese Frau, nach der ich immer gesucht hatte? Nun, es würde an diesem Wochenende noch genug Gelegenheit geben, sich kennen zu lernen. Als ich sie nach dem gemeinsamen Mittagessen kurz begrüßte, sagte sie ein wenig entschuldigend, dass sie Deutsche sei.

Stolz erzählte ich in der Runde, dass ich inzwischen ein therapeutisches Zentrum auf einem Schiff hatte. Alle ermutigten mich und lobten meine gute Entwicklung. Es war, als ob sich eine jahrelange Spannung auflöste. Während dieses Wochenendes wähnte ich mich im siebten Himmel.

Abends feierten wir ein Fest. Ein wenig Marihuana versetzte mich in eine nahezu überbordende Verfassung. Ich tanzte ausgelassen mit jeder Frau, die mir gefiel, und natürlich auch mit ihr, der Frau mit den blauen Augen. In einem kurzen Gespräch sagte sie zu mir: «Du bist zwar viel, aber nicht alles.» Obwohl sie mich damit eigentlich ein Stück zurückweisen wollte, waren gerade diese Worte für mich eine Befreiung und machten es mir leichter, ihre Nähe zu suchen. Sie schien mit einem anderen Mann aus der deutschen Gruppe befreundet zu sein. Es stand für mich aber fest, dass diese Beziehung nicht von großer Bedeutung war. Am Ende des Wochenendes war uns beiden klar, es würde nicht bei dieser einen Begegnung bleiben.

Elkes Geschichte (von ihr selbst erzählt)

Als ich Martin zum ersten Mal in die Augen sah, hatte ich das Gefühl, mich innerlich bewusst und ohne Angst in die Tiefe fallen zu lassen. Das Wort «Hingabe» kam in mir auf. Schon seit ein paar Jahren war ich auf der Suche nach einem neuen Partner, mit dem mich mehr als ein Eheversprechen, Sexualität, Kinder, eine gewisse Sicherheit und ein oberflächliches Zusammensein verband. Ich sehnte mich nach echter, tiefer Gemeinschaft auf allen Ebenen.

Dabei war ich verheiratet und hatte alles, was sich vielleicht viele andere Frauen gewünscht hätten. Mein Mann ließ mir viel Freiheit. Wir wohnten seit ein paar Jahren mit unseren beiden Kindern in einem gemütlichen Haus mit Garten auf dem Lande. Ich konnte mir alle finanziellen Wünsche erfüllen und hatte einen Zweitwagen, durch den ich unabhängiger zu sein meinte. Dennoch war in mir immer eine Unruhe. Ständig hatte ich das Gefühl, abhängig und nicht genug anerkannt zu sein.

Über den zweiten Bildungsweg begann ich nach sechs Jahren Ehe, mein Abitur nachzuholen, und studierte im Anschluss daran. Eine kostspielige Ausbildung als Gestalttherapeutin und später noch eine Atemtherapie-Ausbildung schlossen sich an. Allerdings musste ich selbst dafür sorgen, wie ich das alles schaffte und organisierte, da mein Mann überwiegend auf auswärtigen Baustellen war. Häufig kam er nur einmal in der Woche und am Wochenende nach Hause.

Innerlich getrieben, wusste ich lange nicht, wonach ich suchte. Als mich nach Jahren jemand fragte: «Wonach suchst du eigentlich?», konnte ich nur antworten: «Ich weiß es nicht, aber es hat etwas mit Liebe und absoluter Hingabe zu tun.» Was lag näher, als zu denken, dass dieser Wunsch nur in einer persönlichen Liebesbeziehung zu erfüllen war?

Angefangen hatte mein Alleingang mit einer gewissen Unzufriedenheit über mein Hausfrauendasein. Ich fühlte mich in unserer leistungsorientierten Gesellschaft an den Rand gedrängt, abhängig vom Gehalt meines Mannes. Die ersten Jahre unserer Ehe verbrachten wir in Kaarst, einem Ort in der Nähe von Düsseldorf, dessen Einwohnerzahl innerhalb weniger Jahre um das Fünffache gestiegen war. Hier wohnten überwiegend junge Familien der Mittelklasse aus den verschiedensten Teilen Deutschlands. Die Väter hatten in den nahe gelegenen Städten einen Arbeitsplatz gefunden. Auch wir hatten aus diesem Grund die Kleinstadt Uelzen in der Lüneburger Heide verlassen.

Auf den weiten, kahlen Feldern des ehemaligen Dorfes Kaarst wurde ein Haus nach dem anderen gebaut. Von unserer Wohnung aus sahen wir die Autobahn, hörten das Rauschen der Fahrzeuge und wurden montags regelmäßig gegen fünf Uhr vom Geruch der Abgase des aufkommenden Verkehrs geweckt. Als ich zum ersten Mal den Kinderwagen durch den Ort schob, suchte ich verzweifelt nach einer Grünanlage. Das Einzige, was ich fand, war der Friedhof, und auch der lag in der Nähe der Autobahn.

Ich war auf dem Lande aufgewachsen. Immer, wenn ich Probleme gehabt hatte oder einfach innerlich zur Ruhe kommen wollte, hatte ich meine Zuflucht in der Natur gesucht. Stundenlang saß ich als Kind manchmal an der Weser, beobachtete das Fließen des Wassers und das Ziehen der Wolken. Wenn ich ein besonderes Verlangen nach Schutz und Geborgenheit hatte, fuhr ich mit dem Fahrrad in den Wald, setzte mich im Schatten der Bäume an eine Lichtung, sah Rehen und Hasen zu, wie sie friedlich miteinander ästen, und nahm die Stille des Waldes in mich auf. Manchmal überfiel mich, wenn ich bereits im Bett lag, eine tiefe, unnennbare Sehnsucht. Dann stand ich auf, setzte mich auf die Fensterbank und beobachtete den Sternenhimmel. Nicht weit entfernt von unserem Haus gab es ein kleines Wäldchen, in dem wir Kinder häufig spielten und auf Bäume kletterten. Hier war mir alles so vertraut, dass ich, wenn diese Sehnsucht in mir aufkam, bei Vollmond aus dem Fenster sprang, mich am Waldrand niederließ und den Mond und die im fahlen Lichtschein liegende Landschaft mit ihren Wiesen und Feldern beobachtete.

In Kaarst begrenzte sich mein Leben als Ehefrau und Mutter auf eine Drei-Zimmer-Wohnung mit einer Terrasse und einer 40 Quadratmeter großen Rasenfläche, zwei kleine Kinder und das Warten auf meinen Mann. Wenn er nach Hause kam, war er zunächst müde und wollte sich ein wenig ausruhen. Natürlich brannte ich schon darauf, mich endlich mit ihm unterhalten zu können. Nachdem die Kinder dann im Bett waren, endete unser Zusammensein regelmäßig vor dem Fernseher.

Obwohl ich mich sehr um Kontakt zu anderen Frauen bemühte, war es nicht möglich, eine echte Freundschaft aufzubauen. Nach knapp zwei Jahren las ich eines Tages eine Annonce in der Tageszeitung. Zwei Frauen äußerten darin den Wunsch, sich mit anderen Frauen zu treffen, um sich mit ihnen «über Gott und die Welt» zu unterhalten. In einem Brief beschrieb ich ihnen meine Situation und meinen Wunsch nach Gemeinschaft. Noch zwei andere Frauen hatten reagiert, und so trafen wir uns zum ersten Mal in einer Kneipe. Wir alle hatten mehreres gemeinsam: fleißige, erfolgreiche Männer, kleine Kinder, das Bedürfnis nach gleichwertigem Austausch und den Wunsch, unsere geistigen Fähigkeiten wieder zu aktivieren. Ein paar Jahre Leben als Hausfrau und Mutter hatten bereits ausgereicht, dass wir nicht mehr in voller Aufmerksamkeit ein Buch lesen oder uns konzentriert unterhalten konnten. Ich hatte mich so daran gewöhnt, von den Kindern in meiner Beschäftigung oder Unterhaltung unterbrochen zu werden, dass ich, wenn dies einmal nicht geschah, automatisch nach einer gewissen Zeit den Faden verlor. Das Treffen mit den Frauen war für mich ein Hoffnungsstreifen am Horizont.

Unser Ziel war es, unser geistiges Leben wieder aufzunehmen. Schon nach einiger Zeit reichte uns dieses Treffen nicht mehr aus. Wir wollten von «richtigen» Lehrern unterrichtet werden. Darum nahmen wir an Kursen in einer Frauenbildungsstätte oder in der Volkshochschule teil.

Eines Tages meldete ich mich zu einem «Kreativitätswochenende» an. Vor meiner Ehe war Malen eines meiner Hobbys gewesen. Ich hoffte, der Kurs würde mir helfen, dieses Hobby wieder lebendig werden zu lassen. Es stellte sich jedoch während des Wochenendes heraus, dass es sich um eine Selbsterfahrungsgruppe unter der Leitung eines Psychotherapeuten handelte. Völlig ahnungslos und unvorbereitet ließ ich mich darauf ein, eine Erinnerung aus meiner Kindheit zu zeichnen. Spontan kam das Bild eines großen Eichbaumes auf unserem Hof in mir auf. Unter diesem Baum hatten meine beiden Schwestern und ich häufig gespielt. Besonders schön war für uns die große Schaukel gewesen, die meine Eltern dort hatten aufbauen lassen. Dieser Platz unter dem Baum war für mich gleichbedeutend mit Geborgenheit.

Der Therapeut und die anderen Kursteilnehmer waren jedoch gegenteiliger Meinung, als sie mein Bild von diesem Baum sahen. Sie schrieben Begriffe wie «Einsamkeit», «allein» und «Kälte» auf die Rückseite meiner Zeichnung und begründeten ihre Auslegung damit, dass der Baum keine Blätter und keine tiefen Wurzeln habe. Das machte mich zunächst traurig und nachdenklich. Als der Therapeut dann noch ein wenig nachhakte, konnte ich meine Trauer über die Auslegung nicht mehr verbergen und begann zu weinen.

Jetzt wurde ich aufgefordert, andere Erinnerungen in meinem Gedächtnis aufsteigen zu lassen. Und tatsächlich musste ich zugeben, dass ich mich öfter allein gefühlt hatte, da meine Eltern wenig Zeit für mich gehabt hatten. Natürlich wurde auch auf meine gegenwärtige Situation Bezug genommen, und ich erkannte, dass ich mich in meiner Ehe ebenso häufig einsam fühlte.

Nach diesem Wochenende kam ich völlig aufgelöst nach Hause. Ich war zornig auf meinen Mann und meine Situation als Hausfrau und Mutter. In Anbetracht der frisch gewonnenen Erkenntnisse über unsere Ehe forderte ich von meinem Mann, dass er mit mir an einer Gruppentherapie teilnahm. Er weigerte sich jedoch, denn nach seiner Meinung war unsere Ehe in Ordnung. Der Schmerz über meine Entdeckungen war so groß, dass ich am liebsten nur noch laut geschrien hätte.

Meine einzige Zuflucht war nun der Therapeut. Er wusste, wie es in mir aussah und worin die Ursachen meiner Trauer und meiner Schmerzen lagen. Er war bereit, mir zuzuhören und auf mich einzugehen. Eine Einzeltherapie wurde notwendig, um einer eventuell aufkommenden Psychose vorzubeugen.

Heute weiß ich, wie meine Emotionen die Realität verschoben. Damals hielt ich es jedoch für notwendig, endlich einmal alle Gefühle herauszulassen. Von nun an meinte ich, offen und ehrlich jedem gegenüber sein zu müssen, mit dem ich in Beziehung stand, und ihn über meine innere Situation und meine Gedanken zu informieren. Rücksicht bedeutete Unterdrückung, und das durfte von jetzt an nicht mehr sein.

Plötzlich erkannte ich, in welcher trostlosen seelischen Verfassung die Menschen um mich herum lebten. Ich entdeckte, wie auch sie vieles unterdrückten, wie sie in ihrer Unbewusstheit und Unwissenheit über sich selbst ihren Gefühlen keinen Raum gaben und sich dadurch von anderen Menschen oder von Situationen bestimmen ließen.

Bewusstmachung und Selbsterfahrung wurden zwei der wichtigsten Begriffe in meinem Leben. Nichts durfte mehr einfach hingenommen werden. Alles wurde analysiert und sollte zur Befreiung dienen. Unwissenheit über sich selbst bedeutete, in einem Zustand der Dumpfheit stecken bleiben zu wollen. Schonungslos fing ich an, Schwachpunkte von Freunden und Bekannten anzusprechen, und war schockiert, wenn sie sich dagegen wehrten. Dabei war es nicht meine Absicht, sie damit zu verletzen. Ich meinte nur, ihre Not zu erkennen und ihnen durch das Aufdecken dabei zu helfen, ihre Probleme anzugehen und zu bewältigen.

Meine eigene innere Krise führte zu dem Wunsch, auch Therapeutin zu werden. Dafür war jedoch ein Studium Voraussetzung. So kam es, trotz meiner beiden Kinder, zu meiner bereits erwähnten langjährigen Ausbildung. Sie war möglich, weil wir ja in der Nähe von Düsseldorf wohnten, wo ich die Fachhochschule für Sozialpädagogik täglich schnell erreichen konnte.

Schon während des Studiums fing ich mit meiner gestalttherapeutischen Zusatzausbildung an. Hier wurde ich zum ersten Mal mit Methoden des New Age konfrontiert. Mir selbst war das gar nicht bewusst; ich hielt es für einen notwendigen Teil der Ausbildung. Mit dem Namen «New Age» verband ich sowieso nichts Bestimmtes, und schon gar nicht etwas, was mir schaden könnte. Im Gegenteil, es faszinierte mich, als der leitende Therapeut mit uns eine Übung machte. Darin gründeten wir uns, wie es hieß, einerseits stabil auf dem Erdboden, indem wir mit leicht gespreizten Beinen standen und dabei die Knie locker ein klein wenig krümmten. Andererseits aber sollten wir durch die Öffnung unseres Scheitels eine Verbindung mit dem Kosmos anstreben, indem wir die kosmische Energie durch den Kopf in die Wirbelsäule strömen ließen. Am Ende des Steißbeins floss diese Energie dann wie ein Strahl in den Boden und gab uns so ein «drittes Standbein».

In dieser Übung bekam die alte tiefe Sehnsucht meiner Kindheit unerwartet einen Namen, nämlich: Verlangen nach Gott. Mit achtzehn Jahren hatte ich mich losgesagt von meinem traditionellen Kinderglauben. Ein sehr frustrierendes Erlebnis mit dem Pastor unseres Dorfes gab den Anlass dazu. Ich fühlte mich von ihm verurteilt und sagte mir: «Wenn Gott so ist wie sein Vertreter, dann will ich mit diesem Gott nichts zu tun haben. Ich werde meinen eigenen Weg gehen.»

Während ich mich nun auf die Übung einließ und die alte Sehnsucht wieder wach wurde, schien es mir, als sei der Zeitpunkt gekommen, sie zu stillen. Es erleichterte und erfreute mich, einen Weg gefunden zu haben, der nicht an alte und für mich tote Gesetze und Traditionen gebunden war. Er bot mir eine Alternative, die Vereinigung mit Gott zu erreichen. Dieser Gedanke beruhigte mich sehr, und ich schlief in dieser Nacht so gut wie nie. Ich nahm es als ein Zeichen, dass gerade diese Ausbildung die Richtige für mich sei.

Später las ich dann in Büchern, ich müsse nicht unbedingt den Begriff «Gott» gebrauchen; die Worte «Urkraft», «kosmische Kraft» oder «Energie» hätten die gleiche Bedeutung. Diese Freiheit des Denkens beeindruckte mich. Sie stand ganz im Gegensatz zu dem, was ich bisher vom Glauben kennen gelernt hatte. Auf diese Weise war ich wieder bereit, mich auf Gott oder auf das Göttliche einzulassen. Hin und wieder begann ich jetzt zu meditieren, um mich den kosmischen Mächten zu öffnen.

Kurz nachdem ich mit dieser Art von Übung in Berührung gekommen war und sie auch häufiger zu Hause anwandte, um mich, wie ich es gelernt hatte, zu gründen, fuhr ich mit meinem Mann nach Belgien in den Urlaub. Wir übernachteten in einer kleinen mittelalterlichen Stadt, deren Hauptattraktion eine alte Burg war, die wir natürlich besichtigten. Während der Führung überfiel mich plötzlich der Gedanke: «Hier bin ich schon einmal gewesen!» Als wir dann in einen Raum kamen, in dem ein Loch im Boden war, durch das die Gefangenen in ein Verlies geworfen worden waren, bekam ich große Angst und hatte den Eindruck, ich müsse sofort hier weg.

In der folgenden Nacht erlebte ich den absoluten Horror. Ich fiel von einem Albtraum in den anderen. Wenn ich zwischendurch vor Panik wach wurde, stand ich auf und wanderte voller Furcht im Zimmer umher, um mich zu beruhigen und mir klar zu machen, dass es nur ein Traum gewesen war. Ich war mir aber gewiss, dass diese Träume mit meinem Erlebnis in der Burg zu tun hatten.

Ansatzweise hatte ich von vorherigen Leben gehört, und ich fragte mich, ob diese Erfahrung eine Bestätigung dafür sein könnte. Die Erlebnisse dieser Nacht ließen mich nicht los. Ich wollte wissen, ob es die Möglichkeit vorheriger Leben gab und man sich eventuell daran erinnern könne. Einer meiner Mitstudenten hatte Parapsychologie studiert. Er schien mir für solche Fragen kompetent zu sein. Seine Antwort bestätigte meine Gedanken. Von da an war es für mich Fakt, dass der Mensch mehrere Leben hat und sie einen Einfluss auf sein heutiges Leben haben können.

Seit jener schreckensvollen Nacht hatte ich oft mit Albträumen zu kämpfen. Aber auch tagsüber stiegen immer häufiger, in den unterschiedlichsten Situationen, Bilder in mir auf, die ich als Erinnerungen vorheriger Leben bezeichnete. Nicht nur Träume beängstigten mich. Manchmal wachte ich mit großem Herzklopfen auf und sah in panischem Schrecken finstere, dämonische Wesen an meinem Bett stehen. Wenn ich diese Dinge in den Einzelgesprächen mit meinem Therapeuten zu verarbeiten suchte, wusste er nicht recht, wie er damit umgehen sollte. Er meinte, es seien Angstreaktionen auf schlimme Erlebnisse aus der Kindheit. Er persönlich glaubte weder an vorherige Leben noch an dämonische Mächte. Für ihn waren alle Dinge, die geschahen, ein Ausdruck unbewältigter persönlicher Probleme.

Während des Studiums der Sozialpädagogik kam ich immer mehr mit dem Thema Frauenemanzipation in Berührung. Ich befasste mich mit der entsprechenden Literatur, und so richtete sich mein Blick im Laufe von gut drei Jahren stark auf die Unterdrückung der Frau und deren katastrophale Auswirkungen für unsere Gesellschaft und Umwelt. Frauenbücher und Zeitschriften forderten die Frauen und die Gesellschaft auf, sich wieder auf Frauenwerte zu besinnen. Dies bedeutete ein Umdenken, etwa von der Rationalität zur Emotionalität oder zur Intuition. Werte wie Beziehungen sollten höher stehen als Leistung.

Inzwischen litt ich natürlich durch meine Dreifachbelastung unter dem mir selbst auferlegten Leistungsdruck: Ich war ja immer noch Hausfrau und Mutter, studierte gleichzeitig Sozialpädagogik und machte außerdem eine Zusatzausbildung als Gestalttherapeutin. In meinem Mann fand ich keine Hilfe, da er ja oft nicht zu Hause war. Dennoch war ich der Meinung, diese Ausbildung machen zu müssen, erstens um anderen zu helfen, und zweitens, um als Frau anerkannt zu werden.

Frauenwerte waren, nach Aussagen der Frauenbewegung, nicht nur im sozialen und gefühlsmäßigen Bereich anzustreben, sondern auch in der Rückbesinnung auf die Wurzeln alten Frauenwissens. Dieses Wissen war unter anderem in matriarchalischen Kulturen und heidnischen Religionen zu finden. Es basierte auf dem Gedanken, dass der Mensch in Einheit mit der Natur sein und leben solle. So holte frau sich Energie aus Bäumen und Plätzen, an denen eine besondere Erdstrahlung vermutet wurde. Lebte im Einklang mit dem Zyklus des Mondes. Kannte die Kraft von Pflanzen und Steinen und benutzte den Stand der Sterne für Vorhersagen. Frauen waren im Mittelalter wegen dieses Wissens, besonders im Bereich der Heilung, oft als Hexen verbrannt worden.

In Erwachsenenbildungsstätten gab ich Kurse für Frauen, um sie mit dem für mich positiven weiblichen Wissen der Hexen wieder vertraut zu machen. Ich begann mit dem Einsetzen von alten Ritualen der Indianer und benutzte die Elemente von Wasser, Luft, Erde und Feuer, sowohl bei meiner persönlichen Meditation als auch bei therapeutischen Sitzungen oder in Gruppenarbeiten. Das Hinzuziehen der Elemente war einerseits ein Symbol für die Ganzheit (Holismus), andererseits sollten durch das Ritual die sichtbare und die unsichtbare Welt in Aktion gebracht werden.

Die Erhaltung der Natur lag mir sehr am Herzen. Als Frauen konnten wir uns gegen Unterdrückung und Zerstörung immerhin noch bemerkbar machen; die Natur war der menschlichen Herrschaft jedoch völlig ausgeliefert. Darum trat ich in den Bund für Umweltschutz ein, um wenigstens ein klein wenig zu einer heileren Welt beizutragen.

Je mehr ich mich mit der zerstörten Umwelt und den Folgen einer profitorientierten Gesellschaft auseinander setzte und mein Wissen über diese Themen in Kursen weitergab, umso bedrohlicher wurde für mich der Zustand dieser Welt. Ich sah, wie es in rasender Geschwindigkeit auf das Ende zuging und niemand diesen Prozess aufhalten konnte. Meinen Kindern vermittelte ich eine düstere Zukunft, geriet selbst in Lebensangst und Depressionen, die ich immer wieder durch aggressive Kritik und verzweifelte Hilfsangebote zu durchbrechen suchte. Langsam begriff ich, was es hieß, lebensmüde zu sein.

Seitdem mir durch das erste Selbsterfahrungsseminar («Kreativitätstraining») meine Einsamkeit in der Ehe bewusst geworden war, hatte ich begonnen, meinen Hunger nach Zuneigung und Anerkennung mit Liebesaffären zu stillen. Bei jeder Affäre vermittelten mir die aufflammenden Gefühle für eine kurze Zeit den Eindruck, das Leben in Fülle zu haben. Das endete aber regelmäßig in der Angst, in eine neue Abhängigkeit zu geraten. Außerdem wurde mir meistens schon schnell klar, dass ich eigentlich mit meinem Mann zusammen sein wollte. Gebannt und geblendet von dem Gedanken, meinen eigenen Weg gehen zu wollen und zu müssen, meinte ich gleichzeitig, weder mein Mann noch meine Kinder würden von meinen Seitenwegen jemals etwas bemerken oder gar davon betroffen werden.

Mein Wunsch nach Liebe konnte durch Beziehungen nicht gestillt werden. Innerlich machte ich die Männer dafür verantwortlich. Nach und nach wurde meine Einstellung zu ihnen immer ablehnender. Meine eigene innere Zerrissenheit, mein Kontakt mit Frauen, die von Männern gar nichts mehr wissen wollten, entsprechende Bücher, dazu die Zerstörung der Umwelt, die für mich aus einer männlichen Politik und Lebenseinstellung erwuchs, all das brachte mich auf den Gedanken, Männer seien der schlechtere Teil der Menschheit. Von dieser extremen Haltung wurde ich jedoch durch ein Erlebnis in der Ausbildung zur Gestalttherapeutin befreit.

In einem der Seminare ging es um das Thema «Männer und Frauen». Die Gruppe teilte sich in die jeweiligen Geschlechter auf, und alle durften ihre negativen Erfahrungen, die sie mit dem anderen Geschlecht gemacht hatten, aussprechen. Da das Ganze in einem großen Raum stattfand, hörte ich plötzlich, wie einige der Männer über Verletzungen von Frauen weinten. Dies berührte mein Herz ein wenig. So richtig weich wurde es dann aber erst am Abend, als nach getaner Arbeit ein Teil der Männer begann, im Gruppenraum zu tanzen. Durch die Musik angelockt, betrat ich den Raum und sah, wie sie sich gelöst und frei von inneren Schmerzen nach einer leichten, aber gefühlvollen Musik bewegten und dabei sogar Kontakt miteinander und mit den Hinzukommenden aufnahmen. Unerwartet hörte ich in mir die Frage: «Kann es sein, dass eine Hälfte der Menschheit gut ist und die andere schlecht?» Ich antwortete mit einem Nein. Es wurde mir klar, dass meine krasse Sichtweise eine Lüge gewesen war, die ich mir, beeinflusst durch entsprechende Literatur und Seminare, selbst aufgebaut hatte.

Von da an suchte ich, diesmal bewusst und entschlossen, nach einem neuen Partner, denn nach wie vor war mein Mann nicht zu einer gemeinsamen Therapie bereit. Dabei stellte ich die innere Bedingung, dass der neue Partner die gleichen Interessen, Werte und Ziele haben sollte wie ich. In Begriffen des New Age gesprochen, suchte ich nach meiner «Zwillingsseele». Eine Wahrsagerin beteuerte mir gegenüber, ich würde «meinen» Mann noch finden. Mein Vertrauen Männern gegenüber wuchs langsam wieder, und ich meinte, eine echte Gemeinschaft zwischen Mann und Frau müsse wohl doch möglich sein. Jetzt konnte ich in mir den Wunsch nach Nähe wieder zulassen; einen Wunsch, den ich ungefähr ein Jahr lang durch meinen Zorn radikal abgelehnt und verdeckt hatte.

Neun Jahre lagen zwischen dem Besuch jenes «Kreativitätsseminars» und dem Abschluss meines Studiums der Sozialpädagogik sowie der Gestalttherapie-Ausbildung. Während all dieser Zeit hatte ich nicht ein einziges Jahr ohne Therapie verbracht. Wenn ich meinte, ein Problem verarbeitet zu haben, tauchte bereits wieder das nächste auf. Außerdem waren therapeutische Sitzungen innerhalb meiner Ausbildung sowieso Pflicht. Inzwischen lebte ich meine Bedürfnisse und Gefühle zwar mehr aus, wurde in meiner Familie aber immer einsamer, da ich ja meinen eigenen Weg ging, den ich für zwingend nötig hielt. Ich meinte, mich auf einem Weg mit höherem Ziel zu befinden. Das Wissen um die hoffnungslose Entwicklung der Welt und meine Hilflosigkeit gegenüber dieser niederschmetternden Perspektive hatten mich aber in eine Sinnkrise gestürzt, aus der ich keinen Ausweg sah.

Eine Freundin machte mich dann auf eine neue Therapieform aufmerksam. Sie erzählte mir von einer Atemtherapie, die «Rebirthing» genannt wird. Sie berichtete von tiefen, neuen Erfahrungen im Zusammenhang mit ihrer Kindheit und ihrem vorherigen Leben. Vielleicht konnte mir diese Methode zu einem weiteren Schritt in meiner Entwicklung verhelfen.

Ich meldete mich zu einer Sitzung an. Sie fand in einer sehr schönen Altbauwohnung in Düsseldorf statt. Kerzen, Blumen, Räucherstäbchen, eine Matratze auf dem Boden – all das trug zu einer besonderen Atmosphäre bei. Der Therapeut war ungefähr in meinem Alter. Er wirkte sehr offen und sensibel, so dass ich schnell Vertrauen zu ihm fasste. In eine Wolldecke gehüllt, lag ich auf der Matratze und atmete. Es war tatsächlich ein großartiges Erlebnis, ohne viele Worte – nur durch Atmen – in Ängste und Blockaden geführt zu werden, diese zu erkennen und durch das Atmen wieder aus ihnen hinauszugleiten. Offenbar gab es doch eine Möglichkeit, Ängste zu überwinden.

Später stellte sich jedoch zu meinem Schrecken heraus, dass der Therapeut, ebenso wie ich, einen Weg der Selbstverwirklichung ging, auf dem alle Sensibilität offenbar sehr schnell ein Ende hatte. Rücksichtslos, nur seinen eigenen Bedürfnissen folgend, begann er eine Beziehung nach der anderen. Im Grunde hielt er mir mit seinem Verhalten einen Spiegel vor. Ich hätte aufmerksam werden und mir die Frage stellen können, ob diese Lebensweise wohl die Richtige wäre. Das tat ich jedoch nicht. Zwar erkannte und fühlte ich die vielen Verletzungen, die mit dem Weg der Selbstverwirklichung verbunden waren, dachte aber immer noch, sie müssten für das «höhere» Ziel, nämlich frei und unabhängig zu sein, in Kauf genommen werden.

Die Wohnung des Therapeuten wurde auch als New-Age-Zentrum genutzt. Im Abstand von ein paar Wochen traf sich hier ein größerer Kreis von Menschen zum Singen von spirituellen Liedern. Natürlich war auch ich dabei. Wieder spürte ich meine Sehnsucht nach der Verbindung zu Gott und freute mich, Menschen gefunden zu haben, die ebenfalls nach dieser Verbindung suchten. Schon lange meditierte ich regelmäßig, um mich für die kosmischen Energien zu öffnen. Endlich war ich nicht mehr allein mit meinem spirituellen Verlangen, sondern befand mich in einem Kreis Gleichgesinnter, die mir außerdem noch weiterhelfen konnten.

Nach ein paar Monaten entschloss ich mich, eine Ausbildung zur Rebirthing-Therapeutin zu machen. Dabei lernte ich, dass es eigentlich nichts gab, was ich nicht selbst bestimmen konnte. Visualisierungsübungen beschafften uns inneres Licht, Geld, einen Parkplatz in der Stadt oder andere Dinge. Es hieß sogar, dass wir seinerzeit – als noch ungeborene Seele – den Ort und die Familie bestimmt hätten, wo wir hineingeboren werden wollten, um ganz bestimmte Dinge in diesem Leben zu lernen.

Mehr und mehr entwickelten sich bei mir mediale Fähigkeiten, auf die ich sehr stolz war. Für mich waren sie ein Zeichen meiner fortgeschrittenen spirituellen Entwicklung. Einerseits wurde ich immer sensibler, andererseits immer rigoroser. Meinem Mann teilte ich inzwischen ganz offen mit, dass ich auf der Suche nach einem anderen Partner war.

Die Leiter der Ausbildung waren Holländer. Sie hatten ein Institut gegründet und bildeten Menschen in Holland, Belgien und Deutschland aus. Nachdem ich etwa ein Jahr lang mit der Ausbildung beschäftigt war, organisierten sie in Holland ein Treffen für all diejenigen, die die Ausbildung bereits abgeschlossen hatten oder sich noch darin befanden. Angst und Unruhe auf dem Weg dorthin kündigten mir an, dass etwas Entscheidendes geschehen würde. Vor lauter Aufregung musste ich ständig zur Toilette.

Gleich nach der Ankunft ging ich durch alle Räume und sah mir die Menschen an, die an dem Treffen teilnehmen wollten. Ich konnte jedoch niemanden entdecken, der mich in irgendeiner Weise erschreckte. Hatte ich mich geirrt? Immer noch in leichter Anspannung, setzte ich mich in den großen Kreis der Teilnehmer.

Nach einer guten Stunde ging plötzlich die Tür auf und ein junger Mann, der mich an einen Freund in Deutschland erinnerte, kam herein. Meine erste Reaktion war – ein Gang zur Toilette. Nachdem ich wieder zurück war, betrachtete ich ihn aus der Entfernung. Dabei trafen sich unsere Blicke. Zu diesem Zeitpunkt hatte ich es innerlich aufgegeben, nach dem Mann meiner Wünsche zu suchen. Vielleicht war dies einer der Gründe, warum ich mich in diesem Moment völlig fallen lassen konnte und dann am Abend in unserer direkten Begegnung den Kontakt durch die Worte «Du bist zwar viel, aber nicht alles» ein wenig abwehrte.

Martin, so hatte er sich mir vorgestellt, verblüffte mich jedoch mit seiner Reaktion. Statt sich auf seinen Platz gewiesen zu wissen, bedankte er sich bei mir. Dann meinte er plötzlich: «Sieh mich mal an! Wir kennen uns.» Als ich zweifelte, ermutigte er mich, ihn weiterhin anzuschauen. Wir würden darüber schon noch Informationen bekommen. Dies war eine spannende und faszinierende Situation. Noch nie hatte ich einen Mann kennen gelernt, der mir den Eindruck vermittelte, mir in meiner spirituellen Entwicklung so weit voraus zu sein. Ich überließ mich seiner Führung und sah ihm in die Augen. Eine Zeit lang standen wir uns so gegenüber, dann kamen Bilder und Geschichten in mir auf, in denen Martin meine unerfüllte Liebe gewesen war. Er fragte mich, was ich sähe, und ich teilte ihm meine Erkenntnisse mit. Er hatte die gleichen Informationen bekommen.

Völlig aufgewühlt ging ich an diesem Abend ins Bett. Am nächsten Morgen trieb es mich schon früh heraus, und ich beruhigte meine Seele ein wenig durch einen langen Waldspaziergang. Immer noch redete ich mir ein, die Begegnung wäre zwar aufregend, aber unverbindlich, und ich könne sie in Deutschland einfach hinter mir lassen. Dies bewahrheitete sich jedoch nicht. Eine Woche später rief Martin bei mir zu Hause an und lud mich zu sich nach Amsterdam auf sein Therapieschiff ein. Freudig stimmte ich zu.

Kapitel 4

Eine wilde Liebe

Martin: Elkes erster Besuch auf meinem Traumschiff
Mein Herz schlug heftig, als ich den Telefonhörer in der Hand hielt und Elkes Nummer wählte. Dummerweise war mir ihre Adresse abhanden gekommen. Getrieben von meinem sehnsüchtigen Verlangen, sie wieder zu sehen, hatte ich den Leiter unserer Rebirthing-Ausbildung besucht und ganz beiläufig nach ihrer Adresse gefragt. Ich wusste noch nicht einmal ihren Nachnamen.

Sie war tatsächlich gleich am Apparat und schien sich sehr über meinen Anruf zu freuen. Als ich ihr vorschlug, einmal bei ihr vorbeizukommen, meinte sie, es wäre besser, sie würde mich besuchen, denn sie wüsste nicht, wann ihr Mann und ihre Tochter zu Hause wären. Kurz durchfuhr es mich: «O nein, sie ist verheiratet und hat Kinder! Lass die Finger davon!» War das die Stimme meines Gewissens? Schnell überging ich meine erschrockene Reaktion, denn meine Sehnsucht war mir wichtiger. Ich wollte diese Liebe für mich um jeden Preis. Und so lud ich Elke auf mein Schiff ein.

Es blieb mir noch etwas mehr als eine Woche bis zu unserer ersten privaten Begegnung. Voller Tatendrang begann ich meine Wohnräume zu renovieren. Gleich in den nächsten Tagen baute ich zusammen mit meinem Vater eine neue Sitzbank im Wohnbereich meines Schiffes. Für meinen Schlafraum fertigte ich ein neues Bett an und strich den ganzen Raum mit weißer Farbe. Während ich damit beschäftigt war, fragte ich mich, warum ich dies wohl alles auf mich nahm. Nachdem ich ganz verzweifelt um Antworten gerungen, sie aber nicht bekommen hatte, rauchte ich Marihuana und erblickte grandiose Zukunftsvisionen. Keine dieser Visionen, in denen ich meinte, noch viele Nachkommen für den Buddha zeugen zu können, hat sich erfüllt. Doch sie beflügelten mich bei meiner Arbeit.

Es schien mir, als würde ich innerlich getrieben. Als dann am Tag unseres Treffens das Telefon klingelte und Elke mir mitteilte, von welchem Platz in Amsterdam ich sie abholen könnte, zündete ich schnell noch ein paar Kerzen an. In verschiedenen Räumen des Schiffes standen Blumen, und mein buddhistischer Altar war mit frischen Opfergaben gefüllt.

Stolz führte ich Elke auf mein Traumschiff. Sie war voller Bewunderung über diesen Empfang und fühlte sich wie eine Prinzessin, die von ihrem Märchenprinzen willkommen geheißen wird.

Elke war, ebenso wie Iris, ein Stück älter als ich. Das gab mir zwar kurz zu denken, aber in der Verliebtheit verschwand bald jedes Gefühl für die Realität. Alle äußerlichen Rahmenbedingungen zählten nicht mehr, nur wir selbst und unsere Gefühle füreinander waren wichtig.

Es blieb nicht bei einem Wochenende. Elke sagte ihrem Mann, dass sie zu mir nach Amsterdam ziehen wolle. Er hatte offenbar schon länger mit solch einer Veränderung gerechnet und stellte ihr nichts in den Weg.

Nun musste ich mich noch von meiner Freundin Iris trennen. Das war wegen unseres therapeutischen Prozesses nicht einfach. Außerdem mussten wir noch zusammen einen schon längst geplanten zweiwöchigen Workshop in Portugal halten, zu dem sich etwa zehn Personen angemeldet hatten. Mit sehr gemischten Gefühlen fuhr ich mit dem Auto nach Portugal, während Iris wegen der langen, ermüdenden Reise ein Flugzeug nahm.

Natürlich hatten wir in dieser Zeit die größten Probleme miteinander. Mit Hilfe von Haschisch, therapeutischen Übungen und Meditationen retteten wir uns mühsam über die zwei Wochen hinweg. Trotz dieser chaotischen Umstände waren die Kursteilnehmer zufrieden. Die meisten von ihnen waren fasziniert von den ersten Erfahrungen, die sie mit den von uns vermittelten spirituellen Methoden machten. Ich fühlte mich jedoch wie ein blinder Blindenführer.

Iris war so voller Spannungen, dass sie so gut wie nicht mehr schlafen konnte. Sie wollte nach dem Workshop noch länger in

Portugal bleiben, um an einem See zu zelten und sich ein wenig zu erholen. Ich brachte sie zu dem einsamen, aber wunderschönen Platz und kündigte ihr dort meine Abreise an. Dann teilte ich ihr mit, dass unsere Beziehung nun definitiv zu Ende sei.

Obwohl sich unsere Trennung schon längst angebahnt hatte, folgten dramatische Auseinandersetzungen. Ich blieb noch eine Nacht, damit der Schock für Iris nicht zu groß war. Mein Wunsch war, mich im Guten von ihr zu trennen. Am Ende hatte ich aber doch das Gefühl, sie im Stich zu lassen. Fast fluchtartig brach ich auf und fuhr allein nach Amsterdam zurück. In diesen Tagen machte ich mein Herz hart, um meinen Willen, endlich von meiner Freundin loszukommen, auch durchzusetzen.

Iris gab tatsächlich nicht so einfach auf und rief mich später immer wieder rund um die Uhr an, manchmal auch mehrmals täglich. Selbst aus Frankreich und Amerika, wo sie sich wegen ihrer spirituellen Entwicklung aufhielt, telefonierte sie. Die hohen Kosten für ihre Anrufe, besonders aus Amerika, gingen dann jeweils auf meine Rechnung. Ich bezahlte sie, denn ich fühlte mich tief schuldig.

Elke versuchte alles, um mir zu helfen, von dieser Beziehung frei zu werden. Letztendlich gelang es mir wohl auch nur ihretwegen. Von der Härte meines Herzens konnte sie mich allerdings nicht befreien. Das spürte sie schon bald. Denn eine neue Beziehung einzugehen bedeutet nicht, ein neues Herz zu bekommen.

Elke: Die lang ersehnte geistliche Führung

Meine Liebe zu Martin und der Gedanke, dass ich in ihm einen Mann gefunden hatte, der mir endlich die lang ersehnte geistliche Führung gab, ließen mich oft weit über meine körperlichen und seelischen Grenzen gehen. Ich meinte deutlich zu spüren, in welcher Gefahr er durch die Beziehung zu Iris war. Aus meiner therapeutischen und menschlichen Sicht meinte ich zu erkennen, dass er dabei war, sich selbst zu verlieren. Ich ahnte eine Verbindung zu unsichtbaren Mächten, rechnete aber nicht damit, dass diese Mächte auch mich angreifen könnten, um mich daran zu hindern, weiter Einfluss auf Martin auszuüben.

Nachdem er bereits zwei Wochen in Portugal war, überfielen mich während der Nacht öfter große Unruhe und Angst. Einmal wachte ich in Panik auf und meinte, in einer Ecke des Schlafzimmers einen riesigen dunklen Geist wahrzunehmen. Mir blieb fast das Herz stehen. Ich verkroch mich unter der Bettdecke und redete mir nur mit Mühe ein, ich hätte mich geirrt. Am nächsten Morgen waren meine Beine voller blauer Flecken.

An einem der früheren Wochenenden in Amsterdam hatte ich meinen Ohrring aus Versehen auf dem Schiff liegen lassen. Als Iris ihn fand, meinte sie, ich wolle damit negative Energie verbreiten. Sie beteuerte immer wieder, dass sie die Beziehung zu Martin ja beenden wolle, der therapeutische Prozess aber erst abgeschlossen werden müsse. Das bedeutete, dass sie und er in der Lage sein sollten, in Harmonie und Freiheit auseinander zu gehen. Und dazu war es nötig, dass alle Muster und Verhaltensweisen, die noch irgendeinen Anspruch oder eine Forderung an den anderen enthielten, aufgelöst und bereinigt würden.

Als ich eines Tages von Deutschland aus anrief, meldete sich nur der Anrufbeantworter. Martins Stimme klang, als wäre er gar nicht mehr in seinem Körper. Ihr fehlte jede Stabilität. Voller Schrecken organisierte ich alles Nötige in meiner Familie und fuhr eilends los, um Martin beizustehen. Bei meiner Ankunft verabschiedete er gerade einen Klienten. Einerseits freute er sich sehr, mich zu sehen, andererseits war er voller Unruhe und meinte, er müsse so schnell es ginge zu Iris, da sie sich um 17 Uhr verabredet hätten. Er schien mir nicht mehr er selbst zu sein, und in meiner Sorge wollte ich ihn von seinem Vorhaben abhalten. Mit hartem Gesicht und kalten Augen lehnte er es ab zu bleiben, packte seine Sachen und ging. Sein Gesichtsausdruck zeigte mir eine mir völlig fremde Person, die ich nicht kannte und die mir Furcht einflößte.

Bis etwa drei Uhr in der Nacht lag ich wach und wartete auf Martin. Meine Sorge war inzwischen in Eifersucht umgeschlagen. Voller Zorn nahm ich mein Gepäck und wollte gerade das Schiff verlassen, als er erschien. Er wirkte entspannter. Wütend schrie ich ihn an, dass ich solche Situationen nicht mehr mitmachen würde. Etwas erschrocken über meine heftige Reaktion betonte er nochmals die Notwendigkeit all dieser Gespräche mit Iris. Allmählich beruhigte ich mich und lenkte ein, denn ich wollte ihm bei der Klärung dieser Beziehung nicht im Wege stehen.

Martin: Beziehungstest mit harten Drogen

Nach einem halben Jahr zog Elke zu mir aufs Schiff. Jede Woche fuhr sie jedoch für zwei bis drei Tage zurück zu ihrer Familie, um ihre fünfzehnjährige Tochter und den Haushalt zu versorgen. Damit beruhigte sie ihre tiefen Schuldgefühle. Ihr Sohn wohnte bereits in einer Wohngemeinschaft.

In unserem Zusammensein hatten wir so viel zu entdecken, dass ich die Zeit für meine Arbeit allmählich reduzierte. Manchmal lagen wir uns stundenlang in den Armen und hielten einander fest, aus Angst, all das Gute, das wir aneinander hatten, wieder zu verlieren. Beide meinten wir, in dem anderen die wahre Liebe gefunden zu haben.

Elke war davon überzeugt, dass wir keinen Lehrmeister mehr bräuchten. Die Liebe füreinander würde genügen und uns auf den richtigen Weg bringen. Auch verschiedene Freunde aus unseren New-Age-Kreisen erlebten unsere Beziehung als etwas Besonderes. Manche sagten uns eine wunderbare gemeinsame Zukunft in höheren Bewusstseinsstufen voraus.

Um unsere wahren Gefühle füreinander zu überprüfen, schlug ich vor, gemeinsam die Droge XTC zu nehmen. Elke war noch nie zuvor in irgendeiner Weise mit Drogen in Berührung gekommen. In meiner Begleitung und mit dem Ziel, unsere Beziehung zu vertiefen, ließ sie sich darauf ein. Es war ein spannendes Unternehmen, denn ich hatte ja bereits eine Erfahrung mit dieser Droge gemacht. Damals hatte ich sie mit Iris zusammen genommen, und dabei war mir bewusst geworden, dass ich die Beziehung zu ihr beenden musste.

Mit Elke zusammen machte ich nun die gegenteilige Erfahrung. Es war, als ob alles in uns ein Ja füreinander hätte. Die Außenwelt war unwichtig geworden. Unsere Richtlinie waren unser Gefühl und meine Gewissheit, dass wir durch diese Beziehung auf dem Weg der Erleuchtung schneller vorankommen würden. Das alles wurde durch die Droge bestätigt, von der wir annahmen, sie würde in tiefere Schichten unseres Bewusstseins führen, uns damit die Wahrheit aufzeigen und uns gleichzeitig höhere Führung erfahrbar machen.

Natürlich blieben Schwierigkeiten nicht aus. Mein hartes Herz spielte sich des öfteren auf, und ich meinte zu erkennen, dass auch

Elke noch allerhand Zorn in sich trug, diesen aber unterdrückte. Wütend forderte ich sie auf, ihren Zorn zu äußern. Sie reagierte tatsächlich empört auf meine Aufforderung, was ich als einen Beweis für ihre versteckten Aggressionen deutete. Die Stimmung war natürlich für den restlichen Tag verdorben.

Der problematische Ablösungsprozess mit Iris, der für Elke eine Quelle der Angst und des Ärgernisses war, kam hinzu. Außerdem litten wir beide an einem stark juckenden Hautausschlag. Wir deuteten ihn psychologisch und sagten, unsere heftige Liebe würde uns wahrscheinlich zu sehr unter die Haut gehen. Nach sieben Monaten konnte ich mir ein Leben ohne Juckreiz nicht mehr vorstellen. Mehrmals am Tag duschte ich mich sehr heiß ab, wodurch der Reiz für eine Stunde nachließ. Wir versuchten es mit allerlei alternativen Heilmitteln. Letztlich half uns jedoch nur ein chemisches Mittel.

Inzwischen hatten wir auch angefangen, miteinander zu arbeiten. Dabei merkten wir, wie zerbrechlich unsere Liebe zueinander noch war. Trotz unseres Wunsches, in gegenseitiger Hingabe zu leben, hatten wir Angst, wir könnten uns selbst dabei verlieren oder der andere könnte uns beherrschen. Während unserer Freizeit war alles herrlich, aber in der Arbeit mit anderen Menschen wurde es schwieriger. Die Liebe allein schien noch kein Fundament für die gemeinsame Arbeit zu sein. Offensichtlich mussten auch Fragen der Leitung und der Kompetenz geklärt werden.

Während des ersten Therapiewochenendes, das wir zusammen anboten, hatten wir schon bald unterschiedliche Meinungen und begannen miteinander zu streiten. Es war mir besonders peinlich, diese Auseinandersetzungen vor der Gruppe auszutragen. Die Teilnehmer meinten jedoch, das sei nicht so schlimm, denn sie könnten auch daraus lernen. Geprägt von meinen schlechten Erfahrungen im Zusammensein mit Frauen, schien es mir schließlich sogar besser, Arbeit und Privatleben voneinander zu trennen. Dieser Gedanke löste bei Elke jedoch größten Widerstand und Ängste aus, da ihr Traum, alles mit mir gemeinsam zu erleben, dadurch zunichte gemacht würde. Eine wirkliche Lösung für diese Quelle der Spannung fanden wir jedoch nicht.

Elke hatte den Eindruck, dass das Schiff eine Blockade für unsere Liebe war. Manchmal hatten wir das Gefühl, von allerlei Mächten bedroht zu sein. Gespräche mit einer Hellseherin, die Kontakte zur Geisterwelt hatte, bestätigten dies. Sie kam ein paar Mal auf das Schiff, um die vielen Geister der Verstorbenen, die dort hausten, auszutreiben. Außerdem lehrte sie uns, ein so genanntes «christliches Mantra» zu sprechen, wobei der Name «Jesus» als Schutz gegen die Dämonen verwendet wurde.

Meine Arbeit als alternativer Psychotherapeut machte mir immer weniger Spaß. Das Angebot auf dem Therapiemarkt war inzwischen so groß, dass mich immer ein Gefühl von Halbwissen beschlich. Mitten in dem Wirrwarr all dieser Methoden und Befreiungsphilosophien versuchten wir verzweifelt auf unsere innere Stimme zu hören. Einer unserer Freunde, ein amerikanischer Reinkarnationstherapeut, hatte uns eine Einladung zu einer spirituellen Reise nach Ägypten geschickt. Elke war der Meinung, wir müssten unbedingt an dieser Reise teilnehmen. Nach einigen Überlegungen buchten wir zwei Plätze und hofften, in Ägypten neue Weisung für unseren weiteren Weg zu bekommen.

Martin: Alles hinter uns verbrennen

Die 25 Teilnehmer der Reisegruppe waren alle «spirituelle Sucher». Sie kamen aus Holland, England, Amerika und Deutschland. Einige arbeiteten selbst als alternative Therapeuten. Ein etwas kleinerer älterer Mann aus Amerika lief an allen Besichtigungsplätzen fortwährend mit einem Pendel herum und beantwortete damit viele seiner Fragen. Um den Hals trug er verschiedene Ketten mit unterschiedlichen Symbolen, unter anderem auch den Druidenstern.

Jeder von uns war neugierig, welche Art von Leben er in Ägypten bereits gehabt hatte. In geleiteten Meditationen versenkten wir uns in die Vergangenheit, um dann mit unserem «inneren Auge» oder in unserer Phantasie die Geschehnisse, die aus der Erinnerung hochkamen, zu verfolgen. Die meisten meinten, schon einmal als Hohepriester in den Tempeln gedient zu haben, oder erkannten sich sogar als Pharao.

Unter anderem reisten wir eine Woche lang mit einem Passagierschiff auf dem Nil, wandelten durch die mächtigen Tempel, kletterten nachts auf eine der Pyramiden und meditierten an den Füßen der Sphinx. Es war uns wichtig, die dort noch anwesenden

Kräfte zu spüren. Für unseren ägyptischen Reisebegleiter bot unsere Gruppe sicherlich einen exotischen Anblick. Am Ende der Reise mussten wir selbst über all unser spirituelles Gehabe lachen.

Als wir nach knapp drei Wochen wieder nach Amsterdam zurückkamen, empfand ich in mir eine tiefe Abneigung gegen das Schiff und unsere therapeutische Arbeit. Spontan sagte ich zu Elke: «Ich will hier nicht mehr arbeiten! Es fühlt sich nicht mehr gut an.» Am nächsten Morgen sprach ich nochmals meinen Widerwillen aus, denn schon am Mittag sollte ich meine Arbeit mit einer Gruppensitzung wieder aufnehmen. Wir steckten unsere Wäsche in die Waschmaschine, die in der Küche der Gruppenräume im Bauch des Schiffes stand, und setzten uns an den Frühstückstisch.

Nach kurzer Zeit hörten wir polternde Schritte auf dem Deck. Wir sahen nach draußen und entdeckten zwei Männer, die eilig auf unseren Wohnbereich zuliefen. Gleichzeitig erblickten wir dicke Rauchwolken, die aus der Mitte des Schiffes hervorquollen. «Feuer!» Ich stürzte die Treppe hinunter, um nachzusehen, ob es noch eine Möglichkeit gab, den Brand zu löschen. Schwarzer Rauch schlug mir entgegen. Ich wusste sofort: Es war hoffnungslos. Die Männer hatten die Feuerwehr bereits alarmiert. Sie kam unverzüglich und bekam das Feuer schnell unter Kontrolle, so dass das Schiff nicht völlig ausbrannte.

Die Gruppenküche, in der auch unsere neue Waschmaschine gestanden hatte, war jedoch durch das Feuer völlig zerstört. Die Ursache des Unglücks war wahrscheinlich ein Kurzschluss in der Leitung der Waschmaschine gewesen.

Elke und ich wussten nicht, ob wir lachen oder weinen sollten. Der gesamte Arbeitsbereich war unbrauchbar geworden. Nur unser Wohnbereich blieb verschont. Nun konnte ich hier nicht mehr arbeiten!

Dies war für uns ein Zeichen, dass wir das Schiff tatsächlich verlassen sollten. Glücklicherweise war es gut versichert. Wir konnten es wieder aufbauen und ohne Verluste verkaufen. Trotz dieses Zeichens geriet ich noch einmal in Versuchung, das Therapiezentrum doch aufrecht zu erhalten. Als wir die Renovierungsarbeiten fast beendet hatten, wurde der Film über unsere therapeutische Arbeit im Fernsehen ausgestrahlt. Er enthielt auch die Unterwasser-Aufnahmen von der Atemsitzung mit meinem Vater. Die Bilder von meinem Vater und mir waren offenbar so rührend und beeindruckend, dass viele Menschen uns nach der Sendung anriefen und ihren Wunsch äußerten, auch eine solche Therapieerfahrung zu machen.

Doch nach kurzer Überlegung ließ ich es bei meinem Entschluss. Das Schiff wurde an einen anderen Therapeuten verkauft, und wir machten uns zu einer Weltreise auf. Die holländische Redensart: «Alle Schiffe hinter sich verbrennen», war bei uns zur Realität geworden.

Martin: Reiseplanung durch das höhere Selbst

Elke träumte schon lange von einer Weltreise. Sie war noch sehr jung gewesen, als sie ihr erstes Kind bekommen und später geheiratet hatte. Die Freiheit, die ich auf meinen vielen Reisen erlebt hatte, hatte sie bis dahin nie genossen. Deshalb meinte sie, jetzt wäre der richtige Zeitpunkt, um diesen langjährigen Traum zu erfüllen. Ich war eigentlich müde vom vielen Unterwegssein. Da wir aber immer noch sehr verliebt waren, stimmte ich zu.

So begannen wir zu planen. Dazu meditierten wir, um mit unserem «höheren Selbst» in Kontakt zu kommen. Es wusste am besten, welche Länder für uns gut waren und welcher der beste Weg für uns war. Ich hatte noch immer erst die Hälfte meiner Verpflichtung zu einer zweimonatigen Meditation erfüllt. Darum lag es nahe, dieses Versprechen als Erstes einzulösen. Wir entschieden uns für einen dreimonatigen Aufenthalt in Indien. Während der Meditation kam in Elke das Land Indonesien auf. Dies sollte die zweite Station unserer Reise werden. Weiter erhielten wir jedoch keine Informationen. Darum beschlossen wir, eine Nacht darüber zu schlafen und es am nächsten Tag nochmals zu versuchen.

Elke: Abschied und Aufbruch nach Indien

In dieser Nacht hatte ich einen ungewöhnlichen Traum: Ich sah den Kontinent Australien, und eine Stimme sagte zu mir: «Hier wirst du in dein Herz kommen!» Die Leiterin der Rebirthing-Ausbildung hatte einmal zu mir gemeint: «Wenn du eines Tages in dein Herz kommst, dann geht deine Arbeit erst richtig los.» Intuitiv spürte ich, dass ich aus irgendeinem Grunde mein Herz verschlossen hielt. Ich dachte dabei an das Märchen vom Froschkönig. Darin hatte sich der Diener des Königs – nach der Verwandlung seines Herrn in einen Frosch – einen Ring um sein Herz legen lassen, damit dieses nicht vor Schmerz zersprang. Am Morgen erzählte ich Martin meinen Traum. Spontan sagte er: «Gut, dann fliegen wir nach Australien.» Von dort aus sollte es über Neuseeland, Neukaledonien, Tahiti und Amerika zurück nach Holland gehen.

Bis zum Beginn der Reise galt es jedoch noch zwei Monate zu überbrücken. Unsere wenigen Habseligkeiten brachten wir zum Teil bei Martins Eltern unter. Im Haus meiner Familie stellte ich in einem kleinen Zimmer alle Sachen zusammen, von denen ich meinte, dass sie mir gehören sollten. Es war eine schwierige Zeit. Beim Ordnen meiner Sachen kam sehr viel Trauer hoch, und ich weinte häufig. Mir schien das Ganze wie ein Prozess des Sterbens. Alles, was bis dahin den Sinn meines Lebens ausgemacht hatte, musste ich eines nach dem anderen loslassen. Ich blickte zurück auf meine Idealvorstellungen von Ehe und Familie und sah, wie sie sich in der Realität in Luft aufgelöst hatten. Warum war es so schwer, ein heiles Leben zu führen?

Meine damals fünfzehnjährige Tochter sagte nichts zu dem ganzen Geschehen, und ich hatte von mir aus nicht den Mut, sie darauf anzusprechen. Ich redete mir ein, sie sei nun alt genug, um für einige Monate allein zu sein. Eine Hilfe war mir, dass gerade in dieser Zeit mein Mann ganz in der Nähe arbeitete und täglich nach Hause kam. Zwischen ihm und mir gab es keine Streitereien mehr. Er hatte, wie er sagte, schon seit ein paar Jahren mit unserer Beziehung abgeschlossen. Auch das erleichterte die Situation ein wenig, verhinderte aber nicht meine Trauer. Es war deutlich: Von nun an würde eine völlig neue Lebensphase beginnen.

Ende Oktober kamen wir nachts um halb drei in dem noch heißen Bombay an. Martin war der Armut dieser Stadt schon einmal begegnet und wollte sich deshalb nicht lange dort aufhalten. So beschlossen wir, noch am selben Tag mit einem Linienflug nach Neu-Delhi weiterzufliegen. Am Nachmittag war es endlich so weit. Nach einer aufregenden und mühsamen Aktion, ein Ticket zu bekommen, saßen wir schließlich im Flugzeug nach Neu-Delhi. Wir waren so müde, dass wir nur noch den Wunsch nach Ruhe und Schlaf hatten und unsere erste Nacht in einem der teuersten Hotels der Großstadt verbrachten.

Ich war fasziniert von dem bunten und lärmenden Getümmel in der Stadt. Die vielen Rikschas und die nach Abgasen stinkenden Autos störten mich nicht. Smog und Staub waren so dicht, dass mir meine Haare bereits nach zwei Tagen wie Stroh vom Kopf abstanden. Meine Augen erfreuten sich an den kostbaren indischen Stoffen, an Schnitzereien und Schmuck. Ganz gegensätzlich wirkten die moslemischen Viertel, in denen die Frauen völlig verschleiert und schwarz gekleidet durch die Straßen liefen. Staunend und manchmal etwas unsicher bewegte ich mich in dieser fremden Welt.

Mit Zug und Bus ging es zwei Tage später in den Norden Indiens nach Dharmsala, wo Martin schon einige Jahre zuvor gewesen war. Er bestand darauf, in dem buddhistischen Zentrum zu übernachten, in dem er vor ein paar Jahren Initiationen erhalten hatte. Das bedeutete, dass wir uns den Regeln des Zentrums anpassen und in getrennten Zimmern schlafen mussten. Die Zimmer waren mit einem Bett und einem kleinen Tischchen ausgestattet. Schwarze Flecken an den Wänden zeugten von Feuchtigkeit.

Eines Nachts, ich war gerade in meinen Schlafsack gekrochen, spürte ich, wie es an meinem Körper kribbelte, so als würden sich lauter kleine Würmer im Schlafsack befinden. Ich sprang auf und klopfte voller Ungeduld an Martins Zimmertür. Er leuchtete mit seiner Taschenlampe den Schlafsack aus, und tatsächlich entdeckten wir lauter kleine Maden.

Jetzt reichte es mir aber. Nicht nur, dass ich jeden Abend unter der Zimmerdecke eine Riesenspinne fand und mich tagsüber gegen die Affen wehren musste, die versuchten, sich an meinen Essenssachen zu bedienen. Nun auch noch der Besuch der Maden in meinem Schlafsack! Martin wollte sich, trotz meines Protestes, an die Regel des Zentrums und des Buddhismus halten, nämlich keine Tiere zu töten. Er zog sich an, hängte den Schlafsack draußen auf die Wäscheleine und entfernte im Schein seiner Taschenlampe mit viel Geduld und einer Pinzette eine Made nach der anderen.

An diesem Ort fühlte ich mich wie ein Fremdkörper. Selbst zu den westlichen Touristen, die zum größten Teil schon Meditationskurse oder Initiationen hinter sich hatten, bekam ich keine Beziehung. Trotzdem war ich bereit, in der für Martin vorgesehenen vierwöchigen Meditationszeit auf ihn zu warten.

Einmal wurde ich gefragt, wie lange ich schon Buddhistin wäre. Ich antwortete, ich wäre keine Buddhistin, sondern Christin. In meinem Herzen spürte ich, dass ich den Buddhismus zwar interessant fand, ihm aber nicht angehören wollte.

Martin: Wiedersehen mit dem Dalai Lama

Inzwischen hatten sich tief in meinem Herzen Zweifel darüber ausgebreitet, ob ich die Verpflichtung zu der noch ausstehenden Meditationszeit eingehen sollte oder nicht. Aus irgendeinem unerklärlichen Grunde stand ich innerlich nicht mehr voll dahinter. Ich sprach mit verschiedenen tibetischen Geistlichen, um mir Rat zu holen. Einer lachte breit, als ich ihm mein Dilemma beschrieb, und meinte, ich solle mir nicht so viele Gedanken machen, sondern es zu einem anderen Zeitpunkt versuchen.

Die tibetische Volksart schien mir im Allgemeinen tatsächlich etwas gelassener. In den Augen der Tibeter wirkten westliche Buddhisten wie ich wahrscheinlich wie durch Leistungsdruck getriebene Unruhegeister. Dennoch: So leicht wollte ich mir die Entscheidung nicht machen, und so suchte ich nach weiteren Gelegenheiten für die richtige Führung.

Ein paar Tage später sollte der Dalai Lama eine Audienz für westliche Besucher geben. Vielleicht würde mir die Begegnung mit ihm Klarheit verschaffen? Im Hof seiner Residenz schlossen wir uns einer langen Reihe wartender Menschen an. Nach ein paar Stunden setzte sich die Reihe in Bewegung. Der Dalai Lama stand mit ein paar anderen Geistlichen auf der untersten Stufe des Treppenaufgangs zu seinem Amtsgebäude und begrüßte jeden mit Handschlag. Als wir noch ungefähr fünf Meter von ihm entfernt waren, berührte uns seine liebevolle, einfache und demütige Ausstrahlung so sehr, dass wir beide zu weinen begannen. Alle menschlichen Probleme schienen sich in seiner Nähe aufzulösen. Alle Fragen verschwanden wie Schnee an der Sonne.

Als wir dann vor ihm standen, sah er mir freundlich in die Augen und umfing meine Hand mit beiden Händen, so als würde er mich gut kennen. Ich fühlte mich in einem höheren Bewusstseinszustand, so wie ich es öfters während meiner Meditationen erlebt hatte. Ich bedankte mich nur für seine Begleitung und nannte auf seine Frage hin meinen Namen. Es war mir aber, als schaute er nicht nach meiner sichtbaren Person, sondern nach einem größeren Wesen in mir und um mich. Meine menschliche Gestalt wurde in seiner Gegenwart unbedeutend. Seine Ausstrahlung hob mich über jedes Realitätsbewusstsein hinaus.

Dieses erhabene Gefühl hielt noch eine Weile an und schien sich dann ebenso plötzlich, wie es gekommen war, in der nassen Kälte, die Mitte November in dieser Gegend schon herrscht, aufzulösen. Ich war etwas enttäuscht. Es war, als ob gerade die Wirkung einer Droge aufgehört hätte. Klarheit oder konkrete Anweisungen für mein Vorhaben erfuhr ich in dieser Begegnung nicht. Es blieb eine gewisse Ratlosigkeit.

Kapitel 5

Dieses Wort in meiner Seele

Martin: Mein Guru im Glaskasten

Natürlich besuchten wir in Indien auch das Haus meines bereits verstorbenen Gurus Ling Rinpoche. Die Arbeit an seinem toten Körper war inzwischen beendet worden. Er saß nun in Meditationshaltung auf einem Thron in dem Glaskasten, der sich in einem der Zimmer befand. Es hieß, sein Geist sei in einem kleinen Jungen wiedergeboren worden. Dieser kleine Junge war, aufgrund von Hinweisen medial begabter Tibeter, als Dreijähriger gefunden worden. Um zu prüfen, ob er die Inkarnation des Lamas sei, legte man ihm eine Anzahl bestimmter Gegenstände vor, aus denen er die persönlichen Habseligkeiten des alten Lamas wählen musste. Nachdem er die richtigen Gegenstände erkannt und damit den Test bestanden hatte, wurde er zusammen mit seiner Mutter in das Haus des Lamas gebracht, um sich schon in diesem jungen Alter einer sehr schwierigen Ausbildung zu unterziehen.

Als wir an dem Haus ankamen und den kleinen Jungen in seinem roten Mönchsgewand dort herumlaufen sahen, war ich leicht verwirrt, weil ich nicht wusste, wem ich nun Ehre erweisen sollte: dem Jungen oder dem alten Meister im Glaskasten. Als der Kleine uns entdeckte, unterbrach er sein Spiel, lief auf uns zu und streckte seine Hand zu uns empor, um uns zu segnen. Für Elke war dieses Zeremoniell unbekannt, und sie reagierte in mütterlicher Art auf ihn. Er tat ihr Leid, da er fast nur von Erwachsenen umgeben war und sich schon so viel Disziplin unterwerfen musste. Von einem tibetischen Erzieher wurde er alsbald auf den Arm genommen und auf einen kleinen «Kinderthron» auf der Veranda gesetzt. Dort verneigte ich mich vor ihm. Der Kleine war sich in diesem Moment seiner Stellung als Meister bewusst und legte sofort seine Hand zum Segnen auf meinen Kopf.

Da er ansonsten ein ganz normales tibetisches Kind war, konnte ich natürlich keinen weisen Ratschlag von ihm bekommen. So entschloss ich mich, vor dem Glaskasten im Haus Platz zu nehmen und telepathischen Kontakt zu dem Geist meines Gurus aufzunehmen. Der Raum, in dem sich der einbalsamierte Körper befand, hatte nur ein kleines Fenster, so dass es darin trotz des hellen Tages ein wenig dämmrig war.

Ehrfürchtig verneigte ich mich nach dem Brauch dreimal vor dem Körper und setzte mich in Meditationshaltung vor ihn hin. Elke nahm neben mir Platz. Es war, als ob sich das Zimmer mit einer geistlichen Anwesenheit füllte. Spontan fand eine Art telepathischer Kommunikation statt, ein inneres Frage-und-Antwort-Spiel. Plötzlich rief eine donnernde Stimme laut in mir: «Go your own way!» («Gehe deinen eigenen Weg!») Mir stockte der Atem. Ich war entsetzt über diese unerwartete Aufforderung. Die Gedanken rasten mir durch den Kopf. Mein Guru war für mich wie ein Vater gewesen. Es war, als wiese mir mein bis dahin liebevoller Vater die Tür.

Konnte dies ernst gemeint sein? Verzweifelt und verwirrt verließ ich das Haus. Auf dem Weg zum buddhistischen Zentrum fragte ich Elke nach ihren Erfahrungen. Sie erzählte, auch bei ihr habe ein telepathisches Gespräch stattgefunden. Der Guru habe ihr gesagt: «Martin will immer etwas Besonderes sein. Er muss erst einmal lernen, ein ganz normaler Mensch zu sein.» Nach langen, mühsamen Gesprächen drang es zu meiner erschütterten Seele durch: Beide Aussagen deuteten in dieselbe Richtung.

Stück für Stück wurde mir deutlich, wie der tibetische Buddhismus für mich auch eine Flucht in eine andere Kultur gewesen war. So wie vor Jahren für mich das Schließen der Tempeltür in Katmandu ein Zeichen gewesen war, nicht Mönch zu werden, schloss sich nun eine weitere Tür zum Buddhismus. Unter der Aufforderung des Gurus, meinen eigenen Weg zu gehen, verstand ich, dass ich den Kulturtrip verlassen und meinen persönlichen Weg als Buddhist in dieser Welt entdecken solle. Dieser Weg war jetzt ein Weg gemeinsam mit Elke. In den Gesprächen mit ihr kam ich langsam zur Ruhe.

Ein letzter Besuch bei einem anderen Lama, der mich noch einmal ermutigte, die Verpflichtung zur Meditation auf einen anderen Zeitpunkt zu verschieben, band den Sack zu. Wir beschlossen nun endgültig, den kalten Norden zu verlassen und uns in Richtung Süden aufzumachen.

Die Stadt Agra mit dem wunderschönen Grabmal Taj Mahal lockte uns. Ein Maharadscha hatte es aus Liebe zu seiner Frau gebaut, nachdem sie bei der Geburt ihres vierzehnten Kindes gestorben war. Wir hatten den Eindruck, dass etwas von dieser Liebe das Gebäude noch wie eine Aura umgab. Das weiße, kuppelartige Marmorgebäude mit seinen schmalen, minarettähnlichen Türmen glänzte in vielen unterschiedlichen Nuancen, je nachdem ob es vom Tageslicht beschienen oder in der Nacht vom Vollmond erhellt wurde. In seiner Nähe schienen die Menschen froher zu werden.

Eines Morgens, als Elke und ich unser billiges Hotel, in dem wir etwa eine Mark pro Nacht zahlten, verlassen hatten, um in der Stadt ein Frühstück einzunehmen, waren wir uns nicht ganz einig, ob wir mit einer Rikscha fahren oder zu Fuß gehen wollten. Ich ging lieber zu Fuß, denn ich hatte keine Lust zu den Streitigkeiten, die wegen des Preises immer wieder mit den Fahrern aufkamen. Nur einmal hatten wir diesbezüglich eine gute Erfahrung gemacht, als nach einer ermüdenden Stadtbesichtigung der Rikschafahrer am Ende der Fahrt tatsächlich nicht mehr als den vereinbarten Preis verlangte. Zu unserem Erstaunen erzählte er uns, er sei Christ. Sein integeres Auftreten beeindruckte uns sehr.

An diesem Morgen aber sahen die Rikschafahrer nicht besonders entgegenkommend aus. Gegen Elkes Willen liefen wir zu Fuß los, während wir ein heftiges Wortgefecht austrugen. Da sprach uns ein junger Mann an und fragte, ob wir Probleme hätten. Wir teilten ihm den Grund unserer Diskussion mit, und spontan lud er uns in seine Familie ein. Das war für mich eine willkommene Unterbrechung unseres Streits. Noch nie war ich von einem Inder nach Hause eingeladen worden, und so nahm ich das Angebot neugierig an.

In einem großen, reich ausgestatteten Haus tranken wir dann mit ihm Tee. Anschließend stellte er uns seinen Bruder vor, einen Edelsteinhändler. Nach einem Small Talk über unsere Reise erzählte dieser, dass er seine Steine in Länder der ganzen Welt exportierte und auch einen Handelspartner in Australien hatte. Diesen könne er jedoch nicht mehr beliefern, da sein Limit bezüglich Erlaubnis der Ausfuhr von Edelsteinen bereits überschritten sei.

Er fragte uns, ob wir ihm nicht helfen könnten. Wir sollten ihm die Steine abkaufen und diese dann für ihn bei seinem Partner abgeben, der uns das Geld dafür wiedergeben würde. Da wir aber erst in drei Monaten in Australien ankommen würden, bräuchten wir sie nur mit der Angabe «postlagernd» nach Sydney zu senden und sie nach unserer Ankunft dem Händler zu übergeben. Natürlich könnten wir dabei auch noch selbst etwas verdienen.

Durch die Umstände dieser unerwarteten Begegnung wie verzaubert, fuhren wir mit unseren Gastgebern zu dem Edelsteingeschäft. Gleich hinter der Tür seines Büros hing an der Wand ein kleiner Altar mit einem Elefantengott. Der Mann verneigte sich vor ihm und murmelte einige unverständliche Worte. Ich dachte bei mir: «Wenn er so religiös ist, wird wohl nichts Falsches an diesem Handel sein.» Selbst als er uns bat, niemandem von dieser Sache zu erzählen, ahnte ich nichts Böses. Nachdem alle Formalitäten erledigt und die Steine auf der Post waren, fuhren die Brüder uns noch Richtung Taj Mahal, wo wir das prächtige Gebäude im Licht der Abendsonne bewundern wollten.

Nachts wurde Elke plötzlich von Panikattacken wachgerüttelt. Sie hatte im Traum eine Nachricht bekommen, dass dieses ganze Unternehmen eine faule Sache war. Sie solle sofort ihr Konto sperren lassen, da die Steine von uns mit Mastercard bezahlt worden waren. Ich war aber so überzeugt von der Legalität unserer Abmachungen, dass ich sie beruhigte und die Verantwortung dafür auf mich nahm. Erst in Australien sollte sich die Botschaft ihres Traumes bewahrheiten. Es handelte sich tatsächlich um ein faules Geschäft.

Am folgenden Abend ging die Reise weiter gen Süden. Dicht aneinander gedrängt, eingehüllt in eine Wolldecke, saßen wir mit zugestopften Ohren in dem laut klappernden, zugigen Bus. Kopfstützen gab es nicht, und so lehnten viele der Reisenden ihren Kopf bei dem Nachbarn auf die Schulter. Alle zwei bis drei Stunden hielt der Bus an einer Tchai-Station, also an einer Teebude beziehungsweise einem so genannten Restaurant, oder auf einem Busbahnhof. Trotz der späten nächtlichen Stunde war immer noch alles voller Menschen. Einige schliefen auf ihren Gemüsekarren oder standen rauchend und etwas frierend beieinander. Ein Mann, der mitten in der Nacht noch versuchte, Samosas (kleine, mit Gemüse gefüllte Teigbällchen) zu verkaufen, berührte mich besonders. Ich weinte von Herzen, als ich sah, wie er sich mühte, in aller Treue ein paar Rupien für seine Familie zu verdienen.

Diese Menschen schienen mir innerlich so verhungert und verdurstet zu sein, auf der Suche nach etwas, von dem sie selbst nicht wussten, was es war; tief hoffend aber, es dennoch zu finden. Wahrscheinlich waren Elke und ich in einer ganz ähnlichen Situation, und ich erkannte gerade in diesem Mann mit seinen Samosas mein eigenes Suchen, meine eigene Armut und Hoffnungslosigkeit. Seit der telepathischen Nachricht von meinem verstorbenen Guru, ich solle meinen eigenen Weg gehen, hatte der Buddhismus für mich seine Anziehungskraft verloren, auch wenn ich es selbst nicht wahrhaben wollte. Als wir noch eine Stadt besuchten, in der ein buddhistischer König gelebt hatte, fand ich in dem dortigen Tempel nichts mehr, was mich an Segen oder Kraft erinnert hätte.

Elke: Krankheit und Schuldgefühle

Inzwischen waren wir schon ein paar Wochen unterwegs, und ich hatte seit längerer Zeit Darmprobleme. Die anstrengenden Reisen mit Bahn und Bus, die vielen Menschen, die uns fast ständig belagerten, weil sie etwas verkaufen oder erbetteln wollten, die Armut, die Übernachtungen in billigen Hotels, das ungewohnte Essen und der häufige Durchfall, das alles zehrte an meinen Kräften. Am schlimmsten zu schaffen machte mir aber die Tatsache, dass ich meine Tochter nicht mehr sah. Ich dachte daran, wie oft sie alleine zu Hause war. Einmal weckte ich Martin mitten in der Nacht und bat ihn, mit mir zur Post zu fahren, um bei ihr anzurufen. Insgeheim hoffte ich, sie würde sagen, wie sehr sie mich vermisste und dass ich unbedingt zurückkommen müsste. Dies geschah jedoch nicht, und so ging die Reise weiter.

In Khajuraho, einer Stadt mit viertausend Einwohnern, in der sich über zwanzig leer stehende Hindutempel befinden, versuchten wir uns ein wenig auszuruhen. Jeder dieser zwanzig Tempel ist einer bestimmten Gottheit geweiht. Die Außen- und Innenseiten sind mit vielen sexuellen Motiven verziert und aus diesem Grunde besonders beliebt bei den Touristen. Obwohl der Ort nur klein ist, gibt es einen Flughafen, auf dem zweimal pro Woche ein Flugzeug – überwiegend mit Touristen an Bord – landet. Meistens bleiben die Touristen nur zwei bis drei Tage, da die Stadt weiter nichts zu bieten hat.

In diesem etwas merkwürdigen Ort blieben wir ungefähr zwei Wochen. Die meiste Zeit verbrachte ich im Bett. Ich bekam Fieber, und die Schmerzen im Bauch wurden so stark, dass Martin einen Arzt holen musste, der mir eine Medizin gab. Während ich alleine im Bett lag, konnte ich in aller Ruhe über mein Leben nachdenken. Ich schrieb Briefe und weinte viel. In mir fand ein Kampf statt. Auf der einen Seite standen das Abenteuer Reisen, mein Wunsch, mit Martin zusammen zu sein, und mein Verlangen nach spiritueller Entwicklung, auf der anderen Seite meine Schuldgefühle und die Sehnsucht nach meiner Tochter. Zum Glück konnte ich meinen Sohn, der schon sein eigenes Leben führte, loslassen.

Von Martin fühlte ich mich im Stich gelassen. Die große Liebe schien sich in Schwierigkeiten nicht zu bewähren. Er kümmerte sich nicht wesentlich um mich, sondern saß stundenlang in den Tempeln und meditierte. Einmal beobachtete ich, wie er bewegungslos im Allerheiligsten eines Tempels saß, während die Ratten um ihn herumliefen. Er rührte sich nur kurz, als eines der Tiere an seinen Socken knabberte.

Hin und wieder besuchte ich jedoch auch die Tempel. Eines Tages, als ich allein durch einen Tempel-Innenraum schlenderte und all die Tantra-Figuren betrachtete, begann ich mich langsam und weich in tänzerischen Schritten durch den Raum zu bewegen. In mir hörte ich eine bestimmte indische Musik. Der Begriff Tempelprostitution kam in mir auf, und schon entwickelte sich vor meinem inneren Auge eine Geschichte, von der ich meinte, sie hier vor tausend Jahren mit Martin erlebt zu haben. Und was für eine Überraschung: Auch in jener Zeit hatte ich mich von ihm im Stich gelassen gefühlt! Ich wurde zornig und hatte nur noch den einen Gedanken: Flucht!

Kurz nach diesem Erlebnis nahm ich eine Massage bei einem etwas älteren indischen Mann namens Omre, der inzwischen unser Freund geworden war. Als er meinen angespannten Körper Glied für Glied lockerte, löste sich auch mein Zorn in Trauer auf. Unter Tränen erzählte ich Omre meine Geschichte und dass ich in Deutschland meine Familie im Stich gelassen hatte. Er wusste nicht, wie er damit umgehen sollte, versuchte mich aber trotzdem zu trösten.

Martin: Zweimal knapp am Tod vorbei

Omre lud uns in sein kleines, strohgedecktes Lehmhaus ein. Es hatte zwei Zimmer: eines für ihn und eines für seinen Sohn mit dessen Frau und zwei Kindern. Gekocht wurde in einem niedrigen, stallartigen Nebengebäude, in dem ein Raum zu diesem Zweck abgetrennt worden war. Hier hockte die Schwiegertochter auf dem Boden und bereitete auf einer kleinen, aus Lehm geformten Feuerstelle das Mittagessen zu. Das Wasser wurde vom Fluss geholt, und als Toilette wurde ein etwas abseits liegendes Feld benutzt. Während wir auf das Essen warteten, rauchten wir indische Zigaretten, und Omre zeigte mir, wie ich Erdnussbutter herstellen konnte. Seine Frau kam nur besuchsweise in das Haus, da sie ein paar Kilometer außerhalb der Stadt einen kleinen Hof bewirtschaftete, auf dem sie Kühe und Ziegen hielt. So lernten wir das Land und die Menschen ein wenig näher kennen.

An einem indischen Festtag führte Omre uns in ein Gartenrestaurant. Die Menschen saßen draußen an gedeckten Tischen. Überall sahen wir Tassen und Teekannen. Es stellte sich jedoch heraus, dass die Teekannen mit Bier gefüllt waren, da an einem solchen Tag offiziell kein Alkohol getrunken werden durfte. Omre wollte nicht gesehen werden, und so tranken wir in einem Raum für uns allein Whisky aus Teetassen. Schon bald schwebten unsere Seelen in anderen Bewusstseinssphären, und das Gespräch verstummte.

Alkohol und Drogen wurden in diesem kleinen Ort häufig gebraucht. Uns schien es, als läge eine Leere über dieser Stadt. Es war, als wären die vielen leer stehenden Tempel Versammlungsorte für allerlei geistliche Mächte und als forderten sie oder die ehemals darin angebeteten Gottheiten spirituelle Aktivitäten. Auch Elke und ich rauchten hier öfter einmal Marihuana und wähnten uns dann in göttlichem Bewusstsein; ein Zustand, welcher Ängste und Leere verschwinden ließ.

Meine Meditationen in den Tempeln vertieften die innere Leere nur noch. Seit ich den Ruf meines Gurus: «Go your own way!», gehört hatte, war es, als fiele ich innerlich immer mehr in ein Loch. Zwar hatte ich den Satz so interpretiert, dass ich den Kulturtrip verlassen und meinen persönlichen Weg als Buddhist in dieser Welt finden sollte. Dennoch blieb mir rätselhaft, ob die Aufforderung wirklich so gemeint war, und wenn ja, in welcher Art und Weise ich sie konkret befolgen sollte.

Ich drehte mich schließlich nur noch um mich selbst und fühlte mich unfähig, auf Elke einzugehen. Sie hatte eine schwere Darmkrankheit und litt außerdem unter zunehmenden Schuldgefühlen gegenüber ihrer Tochter. Deshalb wünschte sie sich von mir mehr Anteilnahme und Nähe. Ich verstand ihr Anliegen nicht und empfand es nur als Forderung. Nach zwei Wochen hatten wir schließlich einen heftigen Streit und beschlossen, getrennt weiterzureisen. «Zufällig» nahmen wir dann aber doch denselben Bus und versöhnten uns wieder.

Die Reise ging weiter in den äußersten Süden von Indien. Die Landschaft beeindruckte uns sehr. Wir sahen Palmen, Reisfelder und farbenprächtige Pflanzen. Es gab wesentlich mehr Wasser als im relativ trockenen Norden. Wie wir zu unserem Erstaunen hörten, waren die Menschen hier jedoch noch ärmer. Ein Franzose, der als buddhistischer Mönch in Sri Lanka lebte und gerade durch Indien reiste, erzählte uns von einem Ashram (einem Haus oder Gebäudekomplex, in dem Menschen unter der Leitung eines Gurus zusammenleben), der von einer Frau geleitet wurde. Sie wurde «die Heilige Mutter» genannt. Er sprach davon, welch wunderbare Heilungen durch diese Frau stattfanden, indem sie Menschen einfach in den Arm nahm, und empfahl uns, dort unbedingt vorbeizugehen.

Um den Ashram zu erreichen, mussten wir mit der Fähre einen Fluss überqueren. Am Ufer angekommen, gaben alle Leute dem Fährmann ein paar Pesas (etwa 1 Pfennig). Von uns verlangte er jedoch einen Betrag von fünf Rupien pro Person (etwa 50 Pfennig). Zwischen ihm und mir entbrannte ein Streit. Der Mann fing an, laut herumzuschreien, und wollte uns nicht aus dem Boot lassen. Ich drängte ihn an die Seite und warf vor lauter Zorn das Geld ins Wasser. Mit klopfenden Herzen erreichten wir den Ashram.

Zu unserer Enttäuschung war die Heilige Mutter auf einer Vortragsreise in Australien. Nur einige ihrer Anhänger, überwiegend Menschen aus dem Westen, waren anwesend. Da es schon gegen Abend war, bot uns eine Engländerin, die in einen Sari (ein gewickeltes, auch den Kopf umhüllendes Gewand der Inderinnen) gekleidet war, ein Zimmer und Abendessen an. Sie gab uns noch Anweisungen, dass wir nach 21 Uhr das Gelände des Ashrams nicht mehr verlassen dürften. Die Menschen der Nachbarschaft seien ihnen feindlich gesinnt.

Die Atmosphäre war kalt. Das Abendessen wurde absolut schweigend eingenommen. Niemand kam auf uns zu oder versuchte, ein Gespräch mit uns zu führen. Wir fragten uns, wo hier die Liebe der Heiligen Mutter geblieben war und woher sie ihre Liebe nahm. Vielleicht hatte sie ja die gesamte Liebe mitgenommen? Wir schliefen sehr unruhig. Elke fühlte sich fast ein wenig bedroht. Morgens um vier wurden wir bereits durch das Läuten kleiner Glöckchen geweckt, die die Anhänger der Heiligen Mutter schon zum ersten «Gottesdienst» gebrauchten.

Am nächsten Morgen gingen wir noch einmal durch die verschiedenen Räumlichkeiten, meditierten hier und da, um Antworten auf unsere Fragen zu bekommen. Es geschah nichts. Diese Leere verwirrte uns nur noch mehr. Beinahe fluchtartig verließen wir den Ashram schließlich. Dann fuhren wir mit einem Schiff einen halben Tag lang den Fluss hinunter, um in einem kleinen Ort an der Küste Südindiens zu übernachten.

Am folgenden Abend, die Fischer hatten gerade ihre gefüllten Netze an den Strand geschleppt, ging ich noch ein wenig schwimmen. Während ich durch das flache Wasser watete, spürte ich plötzlich einen Stich im Zeh. Erschrocken lief ich zum Strand, konnte aber keine Verletzung an mir feststellen. Als ich am folgenden Morgen wach wurde, merkte ich, dass mein Bein steif geworden war. Ich befürchtete, dass mich etwas gebissen hatte. Als ich meinen Zeh näher untersuchte, entdeckte ich tatsächlich zwei winzige Punkte nebeneinander, die wie der Biss einer Schlange aussahen.

In Panik suchten wir nach einem Taxi und ließen uns in ein kleines Krankenhaus der Stadt bringen. Mein Bein wurde immer steifer. Ich spürte auch, dass ich Fieber bekam.

Der Arzt hatte seinen Behandlungsraum hinter einem Vorhang. Er sagte, er müsse mir eine Injektion verabreichen. Auf seinem Schreibtisch stand ein Glas Wasser, in dem sich verschiedene Spritzen befanden. Als er nach einer davon griff, wurde meine Angst noch größer, und ich fragte in heller Aufregung, ob die Injektionsnadel auch gut desinfiziert worden wäre. Er gab zurück: «Sie können wählen, ob Sie sterben oder die Spritze annehmen möchten.» Mir blieb keine andere Wahl, als mir die Injektion verabreichen zu lassen. Anschließend fuhren wir zurück ins Hotel, obwohl der Arzt mir geraten hatte, im Krankenhaus zu bleiben. Den ganzen Tag über lag ich mit hohem Fieber und von Albträumen geplagt im Bett. Ich fragte mich, ob ich wohl sterben würde. Am folgenden Morgen wurde es allmählich besser.

Ein paar Tage später entschlossen wir uns, während der Weihnachtstage den Touristenort Kovalam zu besuchen, der einige Kilometer entfernt lag. Mit Mühe erhielten wir noch ein kleines Zimmer am Strand. Statt der erhofften Erholung bekam ich jetzt Magen-Darm-Probleme. Auch Elke war immer noch nicht gesund. Ihr Bauch war leicht aufgequollen, sie hatte Schmerzen und Durchfall. Unser Zustand forderte erneut einen Arztbesuch.

Der Arzt verordnete uns dringend Ruhe und meinte, wir dürften vorerst einmal nicht weiterreisen. Er sah meinen geschwächten Körper und verabreichte mir eine Spritze zur Stärkung. Als wir kurze Zeit später in unserem Zimmer ankamen, begann sie zu wirken. Mein Körper verkrampfte sich unter plötzlich aufkommendem hohen Fieber. Ich zitterte und bebte, während die Feuchtigkeit nur so aus mir herausspritzte. Elke versuchte mir Wasser einzuflößen, aber wegen der starken Verkrampfung gelang es mir kaum, meinen Mund zu öffnen und zu schlucken.

So schnell sie konnte, lief Elke zum Arzt zurück und erzählte ihm, was geschehen war. Er fragte, ob ich keinen Zucker zu mir nähme. Als sie bejahte, sagte er, dass wir ihn darüber hätten informieren müssen, denn er habe mir eine Glukoselösung gespritzt, die jetzt einen Zuckerschock auslösen würde. Er gab Elke zwei Tabletten und meinte, dadurch würde es in etwa zwanzig Minuten besser werden.

Als Elke wieder beim Hotel ankam, stand schon eine Anzahl Menschen vor der Tür, die angesichts meines Zustands alle hilflos und erschrocken waren. Elke versuchte das Fieber mit Wadenwickeln in den Griff zu bekommen. Nach ungefähr zwei Stunden war der Spuk vorüber. Es war mir klar: Ich hatte in den vergangenen Tagen zweimal am Rande des Todes gestanden.

Inzwischen war es Weihnachten. Der Ort war voller westlicher Touristen, die alle auf irgendeine Art und Weise versuchten, das Leben zu genießen. Die Hotels und Restaurants hatten sich auf dieses christliche Fest eingestellt, indem sie besondere Menüs anboten. Äußerlich sah alles wunderschön aus: Palmen, Strand und Meer, lukullische Gerichte und Menschen, die sich wenigstens für den Weihnachtsabend festlich gekleidet hatten. Trotzdem konnten wir den Eindruck einer gewissen Sinnlosigkeit oder wenigstens einer Sinnsuche nicht loswerden.

Natürlich versuchten auch wir, Weihnachten zu feiern, obwohl uns der eigentliche Anlass wenig sagte. Elke schenkte mir ein kleines Büchlein mit Worten von Jesus, denn sie meinte, es könne ja nicht falsch sein, wenn ich Jesus ein wenig kennen lernen würde. Auf einem palmenbewachsenen Hügel, ganz in der Nähe des Meeres, lasen wir dann bei leuchtend rotem Abendhimmel einige Aussprüche dieses Jesus aus dem Buch. Leider verstanden wir fast nichts davon, so dass wir nicht gerade ermutigt wurden, dieses Buch jemals wieder in die Hand zu nehmen.

Am Strand prallten die westlichen und die indischen Sitten krass aufeinander. Während die Touristen fast nackt schwimmen gingen, sah man die indischen Frauen in langen Gewändern ins Wasser steigen. Wir schämten uns ein wenig für die Taktlosigkeit der Touristen und waren froh, dieses abstoßende Schauspiel hinter uns lassen zu können.

Elke: Das Neujahrsfest in Bodh-Gaya

Mit dem Zug ging die Reise wieder einmal in den Norden Indiens. Martin wollte gerne zum Neujahrsfest in Bodh-Gaya sein. Die Fahrt dorthin dauerte insgesamt 72 Stunden. Nachdem wir zwei Tage und eineinhalb Nächte unterwegs waren, mussten wir umsteigen. Mitten in der Nacht kamen wir auf dem Bahnhof an. Um diese Jahreszeit ist es im Nordwesten Indiens für ein paar Wochen recht kühl. Einige Menschen standen in Wolldecken gehüllt, aber mit Sandalen an den Füßen frierend um ein kleines Feuer, welches sie sich in einer Ecke des Bahnhofs angezündet hatten. Andere hockten zusammengekauert da oder lagen schlafend unter dem Vordach des Bahnhofsgebäudes.

Wir wollten ebenfalls noch ein wenig schlafen und suchten den Warteraum für Männer auf, da wir im Warteraum für Frauen Ratten entdeckt hatten, die um die Schlafenden herumliefen. Der Warteraum für Männer schien tatsächlich der bessere zu sein. Es gab noch ein wenig Platz vor den Türen der dahinter liegenden Toiletten. Dort breiteten wir auf dem Boden eine Bastmatte aus und legten uns zum Schlafen nieder.

Über Varanasi, die märchenhafte Stadt am Ganges, erreichten wir nach einer zehnstündigen Zugfahrt mit einem Bummelzug, der ungefähr alle drei Kilometer aus unerfindlichen Gründen anhielt, die Stadt Gaya. Von dort aus brachte uns dann eine überfüllte und stark nach Abgasen stinkende Motor-Rikscha in den kleinen Ort Bodh-Gaya. Das Dorf war voller Pilger. Es gab nur wenige Hotels. Im Zentrum des Ortes liefen Kühe zwischen den wenigen Marktständen und den Friseuren herum, die ihre Kunden am Straßenrand hockend rasierten. Mit viel Glück bekamen wir noch ein Zimmer in einem gerade fertig gestellten Haus. Es roch nach frischem Putz und Farbe. Die Wände waren noch feucht, und die Zementbrocken lagen überall verstreut.

Viele westliche junge Menschen versuchten hier die Anweisungen der Meditationslehrer zu befolgen. Zum Teil waren sie damit beschäftigt, Tibetisch zu lernen, oder machten andere Übungen. Wir unterhielten uns kurz mit einer jungen Frau, die sich schon über ein halbes Jahr in Bodh-Gaya aufhielt. Sie schien sich, nach der Gewohnheit der Tibeter, schon lange nicht mehr gewaschen zu haben. Ihr Hals zeigte deutliche schwarze Ränder. Ihre Augen wirkten auf mich leer und abwesend. Spiegelten sie meine eigene sinnlose Suche wider?

In dem kleinen Bodh-Gaya kommen viele Kulturen zusammen. Aus jedem buddhistischen Land ist hier ein Tempel zu finden, in dem auch die jeweils dazugehörigen Mönche ihren Dienst tun. Bodh-Gaya ist ein Pilgerort für Menschen aus aller Welt. Ich staunte und war fasziniert, als wir am frühen Abend das Gelände des zentralen Heiligtums betraten, auf dem auch der Bodhi-Baum steht, unter dem Buddha zur Erleuchtung gekommen ist. Tausende von brennenden Kerzen umrandeten die gesamte Anlage. In der Nähe des Bodhi-Baumes gab es einen quadratisch gebauten Platz, der gefüllt war mit Lichtopfern von Kerzen und brennenden Butterlampen.

Ein paar hundert Mönche saßen in ihren rotgelben Kutten auf dem Boden vor dem Bodhi-Baum und sprachen in dunklen Tönen laute Gebete vor sich hin. Unter dem Baum befanden sich mehrere Tische, voll gepackt mit Opfergaben wie Brot, Reis und Früchten. Gläubige, meistens Tibeter, warfen sich auf den Boden oder saßen etwas abseits und drehten unaufhörlich Gebetsmühlen. An einer anderen Stelle des Gartens saß ein Lama auf einem kleinen Thron und unterrichtete eine Gruppe von Besuchern aus dem Westen. Einerseits versuchte ich mich durch meine Kleidung oder das Anzünden von Kerzen anzupassen, andererseits fühlte ich mich wie eine Zuschauerin, die interessiert und erstaunt eine fremde Kultur und Religion betrachtet.

Am Silvesterabend wurde im japanischen Zen-Tempel für Leute aus dem Westen eine kleine Feier angeboten. Dazu gehörten eine längere Meditation und ein Umrunden des Tempels. Gegen Mitternacht stellten wir uns in einer langen Reihe auf, und jeder durfte einen dicken Holzbalken, der an einer Kette hing, gegen einen etwa anderthalb Meter großen Gong schlagen. Die Anzahl der Schläge musste genau einhundertacht sein. Das neue Jahr wurde dann mit einem kleinen Essen begonnen.

Während der Meditation saßen wir in absoluter Stille in mehreren Reihen hintereinander. Plötzlich hörte ich zu meinem Schrecken, wie jemand mit einem Stock kräftig geschlagen wurde. Jede

Faser meines Körpers war in Anspannung, denn ich wusste absolut nicht, was das bedeuten sollte. Vorsichtig öffnete ich die Augen und sah einen der Mönche mit einem dicken Stock durch die Reihen gehen. Eine Erinnerung an meine Kindheit stieg in mir auf, nämlich dass mein Vater mich öfter durch Schläge hart bestraft hatte. Das würde ich auf keinen Fall wieder zulassen. Innerlich schrie ich: «Nein!», und nahm mir fest vor, sogleich aufzuspringen und wegzulaufen, falls der Mönch zu mir kommen sollte.

Vorbei war es mit der inneren Stille und dem Versuch der Selbstaufgabe. Ich beobachtete den Mönch aus den Augenwinkeln und entdeckte, wie sich einer der Teilnehmer vor ihm niederbeugte, ihm somit seinen Rücken darbot, und der Geistliche mit gezielten Hieben direkt neben die Wirbelsäule schlug. Später erklärte Martin mir, dies diene dazu, die meditierende Person «wach» zu machen. Nun, wach war ich auf jeden Fall geworden.

Ein paar Tage später gönnten wir uns ein Abendessen im teuersten Hotel am Ort. Zu unserer Überraschung waren auch die Zen-Mönche anwesend. Die sonst so beherrschten Männer schienen in ihrem Verhalten ins Gegenteil umgeschlagen zu sein. Der Unterschied zwischen der strengen Disziplin im Tempel und ihrem Benehmen hier im Alltag war unerwartet groß. Verwirrt beobachteten wir, wie sie sich wie wilde Tiere auf das Essen stürzten und ungewöhnlich laut und durcheinander sprachen. Wir meinten nun zu wissen, warum die Zen-Meditation gerade in *dieser* Kultur entstanden war. Denn Menschen, die so hektisch waren, brauchten als Kompensation wahrscheinlich diese eiserne Disziplin, um zur Ruhe zu finden.

Martin: Die Sinnlosigkeit wird deutlich

In Bodh-Gaya hatte ich mich sieben Jahre zuvor 60 000-mal auf dem Tempelgelände niedergeworfen. Nun sah ich den Ort mit anderen Augen. Irgendwie kamen mir die Menschen leer vor. Ihre Seelen suchten nach der Wahrheit, so wie ich es vor sieben Jahren auch schon getan hatte. Bis jetzt hatte ich diese Wahrheit aber noch nicht gefunden. Die Sinnlosigkeit all dieser Anstrengungen wurde mir deutlich. Obgleich ich in den folgenden Tagen in den verschiedenen buddhistischen Tempeln des Ortes meditierte, jeden Abend mit Elke viele Male den großen Stupa im Uhrzeigersinn umrundete, zahlreiche Kerzen anzündete und Opfer gab, hatten die Tempel mit ihren Buddhafiguren ein Stück ihrer Anziehungskraft verloren.

Weil ich aber immer noch Buddhist war, erhoffte ich mir in diesem Ort besondere Segnungen für das neue Jahr. Auch mein Guru, der kleine Ling Rinpoche, traf in diesen Tagen ein und wohnte in dem tibetischen Kloster am Ort. Bevor wir weiterreisten, wollte ich mir unbedingt noch seinen Segen einholen. Ich opferte Geld für eine Puja, eine Opferzeremonie, die von einer Gruppe von Tibetern abgehalten wurde. Zusätzlich opferte ich noch eine Summe für die Erziehung meines Gurus, der ja noch ein Kind war.

Einige Tage später, als wir in Bombay waren, verspürte ich unerwartet die spirituelle Gegenwart der tibetischen Lamas, die wahrscheinlich für mein Wohl beteten. Ich fühlte mich kurz getröstet und wieder bestätigt auf meinem Weg als Buddhist. In der folgenden Zeit spürte ich aber immer weniger von diesem Segen.

Martin: Indonesien – Angst und tiefe Depression

Innerlich und äußerlich bereiteten wir uns auf das nächste Land vor, das wir bereisen wollten, nämlich Indonesien. Unser Flug ging ab Bombay. Wir waren müde von den vielen Erlebnissen, darum entschieden wir uns, in Bombay noch ein paar Tage in einem teureren Hotel zu verbringen und uns dort ein wenig auszuruhen.

Der große Unterschied zwischen Arm und Reich ist in dieser Stadt besonders deutlich sichtbar. Jedes Mal wenn ich in Indien war, hatte ich beim Eintreffen in Bombay einen Kulturschock bekommen, der sich in einer aggressiven Verhaltensweise äußerte. Das erlebte ich auch diesmal. An einem der letzten Tage, die wir noch in Bombay verbrachten, zog ein bettelndes Mädchen an meinem Hemd. In aufwallendem Zorn schlug ich es so heftig, dass es umfiel. Hinterher fühlte ich mich schrecklich wegen meines Verhaltens.

Die Armut, die vielen Bettler, Geschäftsleute, Taxifahrer und alle anderen, die meine persönlichen Grenzen mit ihren Forderungen und ihrer äußeren Nähe fast ständig überschritten, ihre Apathie einerseits und ihre Aufdringlichkeit und Aggression andererseits – all das wirkte bis tief in mein Unterbewusstsein. Auch Elke fragte sich, warum in den westlichen Ländern Indien als das Land gilt, in dem man sich spirituell entwickeln kann und durch Meditation zur Ruhe kommt. Dies ist wahrscheinlich nur in der beschützten Atmosphäre eines Ashrams möglich. Wir hatten auf jeden Fall dieses Ziel bisher nicht erreicht. Stattdessen warteten wir sehnsüchtig auf unsere Abreise.

Verschiedene Touristen hatten uns erzählt, dass die Menschen in Indonesien viel freundlicher seien. Bei unseren ersten Begegnungen in der Millionenstadt Djakarta erfuhren wir allerdings das Gegenteil. Mitten in der Nacht kamen wir am Flughafen an, und gleich zwei Taxifahrer verlangten nacheinander den doppelten Preis von dem, was abgesprochen war. Wütend warf ich unsere Rucksäcke in die Halle des sehr teuren Hotels, in das man uns gebracht hatte, und rief: «Welcome in Indonesia!»

Gleich am nächsten Tag ging es weiter auf die Insel Bali. Hier wirkten die Menschen wesentlich wohlhabender als in Indien, und nach außen hin war alles viel geordneter. Statt stinkender, lärmender Rikschas sahen wir neue Autos und komfortable Hotels. Die Landschaft hatte eine wunderschöne Vegetation, alles stand in saftigem Grün, denn es war Regenzeit. Der Himmel war bedrohlich dunkel und wolkenverhangen.

Wir staunten über die vielen hübschen, aus Bast geflochtenen Schälchen mit bunten Blüten und ein wenig Nahrung darin, die vor allen Türen von Geschäften, Hotels, Privathäusern und Wohnungen zu sehen waren. Wir dachten, sie seien in dieser Kultur als nette, kleine Begrüßung zu verstehen. Erst später erfuhren wir, dass diese Bastschälchen als Opfergaben dorthin gestellt wurden, aus Angst vor bösen Geistern.

Diese Angst war spürbar groß. Wenn wir in der Dunkelheit noch einen kleinen Spaziergang machen wollten, ohne eine Lampe mitzunehmen, sah man uns erschrocken und verständnislos an. Als aufgeklärte Westler teilten wir die Angst vor den Geistern natürlich nicht. Dennoch lernten wir sie als Realität kennen.

Es war, als ob die dämonische Welt beinahe fühlbar anwesend wäre. Selbst die prächtigsten Orte konnten wir nicht in Frieden genießen. Wir fühlten uns unruhig und getrieben. Nächtelang konnten wir kaum schlafen. Nicht allein die Dämonen der Insel plagten uns, sondern auch Geister unserer Vergangenheit waren uns auf den Fersen. Elke litt mehr und mehr unter Schuldgefühlen, und mir schien das Leben zunehmend sinnlos. Es tat mir auf einmal Leid, dass ich meine Praxis aufgegeben hatte, um nun ziellos durch die Lande zu reisen. Vieles auf dieser Insel erinnerte mich auch an Iris. Sie war vor etlichen Jahren einmal auf Bali gewesen und hatte viel davon berichtet.

Ich fiel in eine tiefe Depression. So gut es ging, versuchten wir alles in unseren Kräften Stehende zu tun, um Herr der Lage zu werden, uns wieder gut zu fühlen und unsere Reise und unser Miteinander zu genießen. Tägliche bis zu drei Stunden dauernde Meditationen und therapeutische Sitzungen halfen nicht. Auf der Suche nach Orten des Friedens durchquerten wir die Insel mit einem Motorroller und fanden doch nicht die ersehnte Ruhe. Die Fahrten mit dem Roller, die schöne Landschaft, das leckere Essen und Gespräche mit anderen Menschen waren zwar eine kleine Ablenkung, änderten aber nichts an unserem verzweifelten Zustand. Warum litten gerade wir so? Es war, als ob jede Hoffnung in mir gebrochen würde und meine Seele nur noch leer und elend vor sich hin vegetierte.

Offensichtlich hatte unser Wechsel in eine andere Kultur mit ein bisschen mehr Wohlstand keine Verbesserung unseres Befindens mit sich gebracht. Vielmehr schien es uns immer deutlicher, dass das Leben Leiden ist. Wir atmeten beide erleichtert auf, als wir die Insel Bali nach einem Monat verlassen und uns auf den Weg nach Australien machen konnten.

Martin: Australien und der Abschied von Rauschmitteln

Unsere Ankunft in Sydney hatten wir aufgrund von Elkes Traum – in dem ihr verheißen worden war, in Australien in ihr Herz zu kommen – auf den Tag ihres Geburtstags gelegt. Mit dem bevorstehenden Ereignis hatten wir uns einen ganz neuen Lebensabschnitt erhofft. Durch die zunehmende Frustration während unserer Reise hatten wir jene hoffnungsvolle Verheißung jedoch vergessen.

Zuerst freuten wir uns über die sauberen Straßen, die luxuriösen Busse und die modernen Geschäfte, an denen wir in aller Ruhe vorbeischlendern konnten, ohne dass jemand versuchte, uns in die Räumlichkeiten hineinzuziehen, um uns etwas zu verkaufen. In einem komfortablen, hell eingerichteten Café aßen wir zur Feier des Tages ein riesiges Stück Sahnetorte.

Es war, als ob eine drückende Last von unseren Schultern fiel. Wir genossen es sehr, endlich wieder in einem westlich geprägten Land mit so viel Wohlstand und Freiheit zu sein. Dass hier alles viel teurer war, konnte uns die Freude nicht verderben.

Die erste Enttäuschung erlebten wir aber gleich am nächsten Tag, als wir erfuhren, dass die Edelsteine, die wir in der indischen Stadt Agra bezahlt hatten, um sie in Sydney zu verkaufen, nicht mit der Post angekommen waren. Das Büro des «Geschäftsfreundes» unseres dubiosen indischen Händlers gab es nicht. Bei der angegebenen Adresse handelte es sich um ein Haus, in dem Prostituierte, Zuhälter und Drogenabhängige ein und aus gingen. Für uns bedeutete das, dass wir um mehr als 4 000 DM betrogen worden waren. Da ich die Verantwortung für diesen Handel auf mich genommen und damit meine letzten finanziellen Mittel investiert hatte, wollte ich alles daransetzen, das verlorene Geld zurückzuverdienen.

Über meine Eltern hatte ich die Adresse einer holländischen Familie bekommen, die schon vor vielen Jahren nach Australien ausgewandert war. Dort vermittelte man uns die Möglichkeit, auf einer Früchtefarm Äpfel und Birnen zu pflücken. Der Farmer hatte extra für die Pflücker ein Haus am Rande der Obstbaumwiesen gebaut. Elke war geschockt, als sie das uns zugewiesene Zimmer betrat. Betonfußboden, ein Bett mit einer durchhängenden Matratze, ein kleiner Schrank und eine Kommode, in deren Schubladen sich lauter Mauseköttel befanden – das war die Raumausstattung. Wahrscheinlich hatte hier ein Jahr lang niemand mehr gewohnt. Den Tränen und der Verzweiflung nahe, beugten wir uns unter unser Los.

Von nun an standen wir täglich ab sieben Uhr morgens auf eisernen Standleitern, um die Früchte der hohen Bäume zu ernten. Zuerst kamen sie in einen Beutel, der den Pflückern vor dem Bauch hing und an einem breiten Gurt befestigt war. Wenn der Beutel voll war, wurden die Früchte vorsichtig in eine große Holzkiste gelegt und am Abend mit einem kleinen Traktor in die Lagerhallen gebracht. Bezahlt wurden wir nach der Anzahl der gefüllten Kisten.

Wir teilten das Haus noch mit ein paar anderen Pflückern, die diese Arbeit schon seit Jahren machten und in ganz Australien umherzogen. Sie pflückten im Akkord. Ihre grobe Sprache und der spürbare Konkurrenzstreit unter ihnen sorgten ständig für Spannungen. An ihrem einzigen freien Tag in der Woche kamen manche nicht zur Ruhe, ohne sich mit einer gehörigen Portion Alkohol voll laufen zu lassen.

In dieser Umgebung entschloss ich mich, den letzten Griff nach betäubenden Mitteln aufzugeben. Das Zigarettenrauchen hatte ich mir bereits in Indien abgewöhnt. Für «Notfälle» hatte ich noch immer ein bisschen Marihuana in meiner Brieftasche. Wäre dies beim Zoll oder von der australischen Polizei entdeckt worden, hätte man mich sofort ins Gefängnis gesteckt. Diesen kleinen Rest bot ich jetzt meinen Mitpflückern an. Sie waren hellauf begeistert und organisierten eine Party. Ein letztes Mal schwebte ich durchs Reich der phantastischen Ideen und teilte meinen dabei aufkommenden Größenwahn mit den anderen.

Einer der jungen Männer hatte die Angewohnheit, nach jedem dritten Wort ein Schimpfwort zu sagen. Sein Einfluss störte meine Gedanken und erschreckte mich sehr. Er suchte offenbar auch den Konflikt mit mir. Ich ging ihm jedoch aus dem Wege. Heute weiß ich nicht mehr genau, wie es geschah; es wurde mir aber deutlich, dass der Rausch kein Hilfsmittel für die Bewältigung meiner Leiden und meines Lebens sein konnte, sondern lediglich eine Ablenkung war. Obwohl sich mir in jenem Moment kein anderer Weg zeigte, erwartete ich etwas Besseres – und gab mit dem Verzicht auf den Rausch für dieses Bessere meinen letzten Halt auf.

Kapitel 6

Verzweifelt, enttäuscht, gefunden ...

Martin: Etwas *echt* Alternatives

Nach einigen Wochen harter Arbeit verließen wir die Farm im Süden Australiens und reisten per Bus nach Byron Bay, einem Badeort, der zweihundert Kilometer vor Brisbane liegt. Wieder einmal bezogen wir Quartier in einem Backpacker-Hostel, in dem sich viele junge Reisende aus aller Welt aufhielten. Die tollen Reisestorys, die meistens Inhalt aller Gespräche waren, konnten wir inzwischen nicht mehr hören. Das Reisen hing uns regelrecht zum Halse heraus; wir wollten nur noch unsere Ruhe haben und sehnten uns nach einem gemütlichen, ganz normalen Zuhause.

Aus diesem Grunde freuten wir uns über die Einladung unseres Freundes Jack, den wir in Indien kennen gelernt hatten. Er wohnte in einem Nachbarort von Byron Bay mit Namen Mullumbimby. Sein Haus lag abseits im Urwald. Er hatte weder Telefon noch Strom.

Es war Samstag, und gerade an diesem Tag fuhr kein Bus nach Mullumbimby. Darum entschieden wir uns, per Anhalter zu fahren. Schon nach kurzer Zeit hielt ein großes amerikanisches Auto mit einem jungen Mann am Steuer. Sein Name war Ron. Er begann sogleich ein Gespräch mit uns, und dabei sprudelte eine überschwängliche Freude aus ihm heraus. Nach all dem, was wir in der letzten Zeit erlebt hatten, konnten wir uns nicht mehr vorstellen, dass jemand ohne irgendwelche Aufputschmittel so voll Freude sein könnte. Wir fragten ihn, ob er vielleicht Haschisch geraucht hätte. Zu unserer Verwunderung meinte er, seine gute Laune käme nicht von Drogen, sondern von seiner guten Beziehung zu Jesus Christus.

So etwas hatten wir bis jetzt noch nie gehört, aber es gab ja unserer Meinung nach viele Wege nach Rom, und warum sollte nicht einer dieser Wege Jesus Christus heißen? Ron fragte uns nach unseren Berufen, und wir antworteten etwas kleinlaut: «Wir sind alternative Psychotherapeuten.» Zwar war mit diesem Beruf noch ein gewisser Status verbunden, in unserem Inneren fühlten wir uns jedoch wie absolute Versager. Spontan meinte Ron: «Wollt ihr etwas *echt* Alternatives erleben?»

Das war eine interessante Frage. *Echt alternativ* wollten wir schon lange sein. Etwas zögernd, aber auch neugierig bejahten wir seine Frage. «Dann müsst ihr am Sonntag mit mir zu meiner Kirche kommen», erwiderte er. Da wir uns in einem fremden Land befanden und gerne Kontakt mit der Bevölkerung gehabt hätten, uns der Mann zudem ehrlich vorkam und wir offen waren für alles, nahmen wir seine Einladung an.

Wir begegneten Jack in Mullumbimby im Haus seiner Schwester. Er sah noch genau so alternativ aus wie damals, als wir ihn in Indien kennen gelernt hatten. Er war uns durch seine kleine, gedrungene Gestalt und sein bestimmtes, aber introvertiertes Auftreten aufgefallen. Auch seine bunte Kleidung, die an Hippie-Zeiten erinnerte, wirkte etwas außergewöhnlich. Wir fragten uns, ob sein Anderssein vielleicht etwas mit seiner jüdischen Abstammung zu tun haben könnte.

Jack nahm uns in seinem alten Landrover mit zu seinem selbst gebauten Domizil im Urwald. Die kreative Gestaltung dieses Hauses beeindruckte uns sehr und lud uns zum Wohlfühlen ein. Auf eine Wand des Wohnraums war ein großes Bild von einem liegenden Krieger der Aborigines gemalt. Jack erläuterte, das gesamte Urwaldgebiet, in dem er lebte, wäre früher einmal gebanntes Gebiet gewesen, besonders für Frauen. Junge Männer mussten hier ein paar Wochen ohne Waffen überleben, bevor sie offiziell zu den erwachsenen Männern gezählt wurden. Es schien Jack so, als läge der Bann immer noch über diesem Stück Land, denn Frauen könnten es dort kaum aushalten. Deswegen wäre wahrscheinlich auch seine Frau mit den beiden Kindern ausgezogen.

Jack verdiente sein Geld, indem er Schmuck herstellte. Er bot uns sein Haus für eine Woche an, während er auf einem Markt in der Stadt seine Ware zu verkaufen suchte. Wir waren begeistert von seinem Angebot und beschlossen, am Montag mit unserem Gepäck zu ihm zurückzukommen.

Am nächsten Morgen, einem Sonntag, stand Ron pünktlich vor unserem Backpacker-Hostel in Byron Bay, um mit uns zu seiner Kirche zu fahren. Neugierig und ein wenig unsicher betraten wir nach etwa zwanzig Minuten Fahrzeit den Parkplatz vor einer Art Schulgebäude, über dessen Eingang ein weißes Tuch mit der Aufschrift «Byron on fire» («Byron in Brand») hing. Ron brachte uns in einen Raum, der bereits zum Teil mit Menschen gefüllt war.

Es herrschte eine Atmosphäre der Freude und Erwartung. Einige der Anwesenden kamen auf uns zu und begrüßten uns. Auf einem Podium waren Musikinstrumente aufgebaut, so als handle es sich eher um ein Konzert als um einen Gottesdienst. Tatsächlich begann ein wenig später eine Band temperamentvolle Lieder zu spielen. Alle Gottesdienstbesucher standen auf, sangen mit und klatschten in die Hände oder bewegten sich rhythmisch zur Musik. Es schien, als ob sie glaubten, dieser Gott, zu dem sie sangen, wäre wirklich anwesend. Wie sich später herausstellte, saß der Pastor hinter dem Schlagzeug, und seine Frau sang am Mikrofon.

Diese Art des Gottesdienstes machte auf mich einen tiefen Eindruck. In seiner Lebendigkeit erinnerte er mich an manche hinduistischen oder buddhistischen Zusammenkünfte. Ein Gedanke kam in mir auf: Wenn diese Menschen so von ganzem Herzen ihrem Gott oder diesem Jesus Christus zusangen und die Freude darüber so sichtbar und fühlbar war, dann musste auch ein lebendiger Gott dahinter stehen. «Vielleicht ist dieser Jesus Christus ein guter Lehrmeister», dachte ich.

Die Atmosphäre, die ich bislang in christlichen Kirchen kennen gelernt hatte, war mir überwiegend tot vorgekommen. Ich hatte selten einmal einen Gottesdienst besucht, aber jedes Mal war mir aufgefallen, dass die Menschen zum Teil gelangweilt in den Kirchenbänken saßen, ein Bonbon lutschten und in Erwartung auf das Ende der Veranstaltung auf die Uhr schauten. Kirche war für mich gleichbedeutend mit gähnender Langeweile. Diese Kirche hier vermittelte jedoch ein ganz anderes Bild.

Elke: Eine Macht, größer als ich

Die begeisterte Stimmung flößte mir nicht gerade Vertrauen ein. Ich vermisste die gediegene, meiner Meinung nach «heilige» Atmosphäre, wie ich sie in meiner Kindheit in der Kirche kennen gelernt hatte. Skeptisch rückte ich während des Gottesdienstes ganz nahe an Martin heran und hielt seine Hände, als müsse er mich vor dieser überschwänglichen Spontaneität schützen. Nach dieser Gottesdienstfeier gab es noch ein gemeinsames Kaffeetrinken, zu dem auch wir eingeladen wurden. Plötzlich kam eine junge, dunkelhaarige Frau auf mich zu. Sie sagte, ihr Name sei Mary, und fragte mich: «Wie heißt du?», «Woher kommst du?», und «Darf ich mit dir beten?»

Während ich auf die ersten beiden Fragen noch in aller Unbefangenheit antwortete, reagierte ich bei dem Thema Beten etwas verdutzt. Ich erschrak sogar ein wenig und wehrte innerlich ab. Die Frau wirkte jedoch so offen und nett auf mich, dass ich mich nicht getraute, ihr Angebot sofort abzulehnen. Darum war meine Antwort, ich müsse erst mit Martin darüber sprechen.

Meine Hoffnung war, dass er als Buddhist einem christlichen Gebet sowieso nicht zustimmen würde. Auch als Mann setzte er meinen spontanen Ideen meistens erst einmal ein bestimmtes «Nein» entgegen, um die Angelegenheit in Ruhe zu überdenken. Insgeheim wünschte ich also, er würde diesmal genauso reagieren. Dann könnte ich Mary ohne schlechtes Gewissen eine Absage geben.

Zu meinem Erstaunen antwortete Martin, als ich ihn nach seiner Meinung fragte, mit einem vollen und sogar freudigen «Ja, mach das doch!». Er bot sich sogar an, mich zu begleiten. Ohne lange zu überlegen, gingen wir gemeinsam hinaus auf einen Balkon. Wahrscheinlich stand kein anderer ungestörter Raum zur Verfügung. Mary hatte noch den Pastor hinzugeholt, und schon begann sie mit mir zu beten. Ihr Gebet war von derartiger Kraft und Vollmacht, dass ich sofort spürte: Sie spricht nicht aus sich selbst.

Ihre Worte trafen mitten in meine Schuldgefühle. Ich konnte meine Tränen und meine Trauer nicht mehr zurückhalten. Alles, was ich bis dahin an Selbstrechtfertigung in mir gehabt hatte, schmolz dahin wie Schnee an der Sonne. Es war mir klar: Hier war eine Macht anwesend, die größer war als alles, was ich bis dahin an

Mächten erlebt hatte. Ich wusste, es war Gott selbst, der durch diese Frau zu mir sprach.

Dann hörte ich plötzlich den Satz aus Marys Mund: «Deine Sünden sind dir vergeben!» Wenn mich noch eine halbe Stunde vorher jemand gefragt hätte: «Sündigst du?», dann hätte ich sofort mit «Nein!» geantwortet. Gewiss, ich machte Fehler, aber unter Sündigen verstand ich, bewusst anderen Menschen Schaden zuzufügen oder ihnen Böses zu tun.

Durch den Zuspruch der Vergebung liefen in Gedanken Szenen meines Lebens vor mir ab. Ich erkannte, dass ich ständig so gehandelt hatte, wie ich es selbst für richtig hielt oder wie es mir am besten passte. Nie hatte ich nach dem Willen Gottes gefragt. Ich hatte gemeint, durch allerlei Methoden – durch Meditation, Rituale, Atemtechniken, besondere Verhaltens- und Lebensweisen, Beziehungen und vieles andere mehr – mit Gott in Verbindung gestanden zu haben. Und jetzt wurde auf einmal deutlich, dass ich dennoch vollkommen getrennt von ihm gelebt hatte, da ich mich immer nur auf meine eigenen Interessen, Wünsche und Sehnsüchte konzentriert hatte. Gott sollte dazu dienen, mein Wohlergehen vollkommen zu machen. Alles war auf mich fokussiert. Damit hatte ich mich selbst zum Mittelpunkt meines Lebens gemacht, aber sicher nicht ihn. In Bruchteilen von Sekunden wurde mir voller Erschrecken klar: Meine größte Sünde war, ohne Gott gelebt zu haben ...

Mary fragte mich, ob ich von nun an mein Leben mit Jesus Christus leben und ihr dazu ein Gebet nachsprechen wolle. Auch wenn ich in diesem Moment nicht genau wusste, was es mit diesem Jesus Christus auf sich hatte, spürte ich doch: Durch ihn ist die Verbindung zu Gott hergestellt. Ich wusste auch, ich hatte die Wahl, ja oder nein zu sagen. Wenn sich aber das wichtigste Ziel in meinem Leben, nämlich Spiritualität und Vereinigung mit Gott, erfüllen sollte, blieb mir nichts anderes übrig, als mein Leben und mein Herz diesem Jesus zu geben. Aus dieser Erkenntnis heraus entschied ich mich spontan, Marys Gebetshilfe anzunehmen, und äußerte laut meinen Wunsch, von nun an mit Jesus leben zu wollen.

Martin: Der Moment meiner Erleuchtung

Als Elke mich fragte, ob sie mit dieser Frau beten solle, überraschte mich meine sofortige Zustimmung selbst. Ich fühlte mich sehr wohl in dieser lebendigen Atmosphäre. Darum bot ich Elke sogar an, sie zu begleiten, denn ich spürte ihre Angst. In Indien hatte sie auf die Fragen einiger buddhistischer Lamas nach ihrer Religion zu meinem Erstaunen geantwortet, sie sei Christin. Davon hatte ich bisher allerdings noch nichts gespürt. Ich selbst tat viel, um meine buddhistische Religion zu leben und ihren Anforderungen gerecht zu werden. Nun hoffte ich, Elke könnte vielleicht eine echte Christin werden. Meine Gedanken waren: «Ein echter Buddhist und eine echte Christin – das passt gut zusammen!»

Als wir mit Mary und dem Pastor auf dem schmalen Balkon standen, staunte ich über das Geschehen. Während des Gebets war es, als ob dieser Jesus, zu dem Mary betete, wirklich anwesend war. Ich sah zwar nichts, verspürte aber seine klare geistliche Präsenz, die um uns herum zu sein schien. Bei der Begegnung mit dem Dalai Lama hatte ich mich über mich selbst erhoben gefühlt. Im Gegensatz dazu war ich jetzt vollkommen aufgehoben in einer erhabenen Realität.

Eine tiefe Freude breitete sich in mir aus. Als Elke zu weinen begann, spürte ich, dass es ein Weinen zur Befreiung war. Über ihre Äußerung im Gebet, von jetzt an mit Jesus leben zu wollen, freute ich mich enorm. Nun wurde sie also eine Christin! Intuitiv erfasste ich die Situation und wusste: «Alles, was hier geschieht, ist die Wahrheit!»

Nach diesem Geschehen wandte sich Mary zu mir und fragte: «Darf ich auch mit dir beten?» Ich fühlte mich gut und dachte, bei mir sei eigentlich alles in Ordnung. Darum hielt ich das Gebet nicht für unbedingt nötig. Da ich sie aber nicht enttäuschen wollte, stimmte ich, wenn auch ein wenig zögernd, zu. Ihr Gebet und auch das anschließende Gebet des Pastors gefielen mir. Doch dann fragte Mary, ob ich ihr ein Gebet nachsprechen wolle.

Beten war für mich als Buddhisten nicht völlig fremd, denn auch mein Guru und meine spirituellen Begleiter wurden von mir angebetet. Dabei stellte ich mir vor, dass sie im geistlichen Kontakt zu mir standen. Auch jetzt spürte ich die geistliche Gegenwart der Person, zu der die Frau betete. Es war mir völlig klar, dass es hier nicht um die Kraft dieser Frau ging oder um eine besondere Ausstrahlung, die sie persönlich besaß. Diese Kraft brauchte kein Medium, sondern er selbst, Jesus, kam unmittelbar zu mir. Staunend und seine anwesende Kraft anerkennend, ging ich auf ihr Angebot ein.

Einer der ersten Sätze, die ich ihr nachsprechen sollte, lautete: «Ich schwöre allen meinen anderen Religionen ab.» Diese Aufforderung hatte sie Elke gegenüber nicht gemacht. Meine erste Reaktion war Empörung. Innerlich rief ich: «Nein, das tue ich nicht!» Wie konnte diese Frau überhaupt wissen, dass ich einer anderen Religion anhing?

Eine Art religiöser Stolz kam in mir auf: Fast acht Jahre lang hatte ich nach Erleuchtung gestrebt, hatte viele Mühen auf mich genommen und wähnte mich schon auf einer höheren Bewusstseinsstufe. Das alles sollte ich in einem Moment wegwerfen?

Noch immer stand ich mit geschlossenen Augen da. Die anderen warteten auf meine Antwort. Meine innere Rebellion gegen die Aufforderung, meinen anderen Religionen abzuschwören, fühlte sich in meinem Herzen an wie ein feuriger Ball aus Energie. Gleichzeitig erinnerte ich mich daran, dass der Buddha gelehrt hatte, man solle alles, was man sieht und hört, auf die Wahrheit überprüfen. So nahm ich den Widerstand in meinem Herzen wahr, spürte aber gleichzeitig die Präsenz von Jesus. Die Wahrheit seiner Gegenwart war offensichtlich. Sie war klar, liebevoll, friedvoll und drängte sich nicht auf. Sie war viel größer als mein Widerstand und schien uns ganz zu umfassen. Meiner Wahrnehmung vertrauend, sagte ich dann trotz meines Widerstandes: «Ich schwöre all meinen anderen Religionen ab.»

Dieser enorme innere Kampf hatte sich in einigen Sekundenbruchteilen abgespielt. Mir schien es jedoch, als hätte er eine Ewigkeit gedauert. Als wir nach dem Gebet unsere Augen wieder öffneten, waren Elke und ich absolut verblüfft. Wir realisierten kaum, was uns geschehen war. Mary schien es besser zu wissen, denn voller Begeisterung sagte sie: «Jetzt hat euch der Herr Jesus Christus aus dieser Welt heraus zu sich gezogen.»

Ich betrachtete den wolkenverhangenen Himmel und die etwas kahle Dünenlandschaft jenseits des Balkons. Die Trostlosigkeit der dürren, sandigen Hügel erinnerte mich an mein früheres Bild von der grauen Welt. Aber jetzt schien es, als hätte diese graue Welt mit ihrer deprimierenden Atmosphäre keinen Zugriff mehr auf meine Seele. Ich nahm sie nur als Tatbestand wahr. Mein Herz war erfüllt von einer freudigen, warmen Glut. In mir war die Gewissheit, als Mensch, als Person mit all meinen Eigenarten vollkommen angenommen, geliebt und gekannt zu sein. Dabei war ich nicht, wie bei dem Dalai Lama, aus mir herausgehoben, sondern ich ruhte in mir selbst. Ich, Martin, war zu Hause!

Während ich noch ein wenig fassungslos über das nachdachte, was sich an mir vollzogen hatte, erinnerte ich mich plötzlich an den für mich so entscheidenden Satz: «Das Licht fällt in die Erde.» Es war, als würde mir dieses Wort jetzt zugesprochen. In der Wahrheit dieser Stunde wusste ich, dass der Moment meiner Erleuchtung nun gekommen war. Es war nicht so, wie ich es als Buddhist erwartet hatte, nämlich dass die Erleuchtung von innen kam. Nein, hier kam das Licht in der Person des Jesus Christus von außen auf mich zu.

Indem er mir diesen Satz zusprach, der die tiefste Sehnsucht meiner ganzen Person zum Ausdruck brachte, wusste ich, er kannte mich bis in mein innerstes Wesen hinein und wollte diese Sehnsucht stillen. Er selbst war das Licht, das in die Erde gefallen war, und indem ich mich mit ihm verband, wurde die Erleuchtung für mich Realität. In mir waren ein tiefer Friede und eine nie zuvor erlebte Liebe.

Auch Elke schien es so zu gehen. Beide waren wir sprachlos. Der Pastor lud uns noch zum Mittagessen ein, aber entgegen unserer sonstigen Gewohnheit hatten wir gar nicht das Bedürfnis, viel zu reden. Als man uns wieder zu unserer Herberge gebracht hatte, setzten wir uns auf eine Bank und betrachteten voller Frieden die immer noch graue Gegend. Drei Tage lang war es, als wären wir umhüllt und durchdrungen von dieser unaussprechlichen Liebe. Wir wussten, wir hatten gefunden, wonach wir all die Zeit gesucht hatten.

Der Pastor hatte uns das Neue Testament der Bibel in die Hand gedrückt und uns empfohlen, darin zu lesen. Gleich in den folgenden Tagen fing ich damit an. Die Geschichten sagten mir jedoch nichts. Elke, die mich während des Lesens beobachtete, sah mein versteinertes Gesicht und meinte, ich solle besser aufhören zu lesen, denn mein Herz würde sich dadurch eher verschließen.

Inzwischen waren wir zu Jack in sein Urwaldhaus gezogen. Wir erzählten ihm von unseren tollen Erlebnissen bei den Christen in Byron Bay. Für Jack war das eine interessante religiöse Erfahrung. Er selbst holte sich die Führung für sein Leben und für seine spirituelle Entwicklung von seinem indischen Guru. Weil wir das Ausmaß unseres Erlebnisses noch gar nicht überblicken konnten, ließen wir es dabei bewenden.

Jack zeigte uns die Gegend und nahm uns mit zu einem Freund, der sich wie Jack für wenig Geld ein großes Grundstück gekauft hatte. Darauf hatte er ein fünfstöckiges, sechskantiges Gebäude aus Holz und Glas gebaut. Es war in den Farben rot, gelb, blau und grün gestrichen und sah imposant aus. Von innen war es aber komplett leer. Nur ein kleiner Gaskocher, eine Matratze und der Schlafsack des Mannes befanden sich in der unteren Etage. Jacks Freund hatte elf Jahre daran gebaut und all sein Geld dafür investiert. Später erzählte er uns, es solle ein Tempel für alle Gottheiten sein. Bis zu diesem Tag sei jedoch noch keine Gottheit darin eingezogen. In der Tat, dies war für uns deutlich spürbar ...

Einerseits imponierte uns das Lebenswerk des Freundes, andererseits strahlte es aber eine Leere aus, die mich an meine Suche erinnerte. War nicht dieses Haus ein Abbild unserer eigenen inneren Leere, die wir bei unserer Suche bisher erfahren hatten? Umso wunderbarer war es, das neue Gefühl des Friedens und der Liebe jetzt in unseren Herzen zu fühlen.

Martin: Vorbei mit dem guten Gefühl

Nach drei Tagen war es plötzlich vorbei mit dem guten Gefühl. Jack war inzwischen für eine Woche abgereist, um Schmuck zu verkaufen. Sein Haus stellte er uns mit der einzigen Bedingung zur Verfügung, seinen Garten vom wilden Gestrüpp des Urwalds zu befreien. Während ich arbeitete, jagte ein Gedanke den anderen. Ich war verzweifelt. Einmal dachte ich an die guten Lehren des Buddhismus, dann wieder an die besondere Begegnung mit Jesus Christus. Es war, als ob Buddha und Jesus in mir kämpften.

Elke verspürte meine Unruhe und bekam Angst, dass uns der frisch gewonnene Friede abhanden kommen könne. Sie fing an mit mir zu diskutieren, und bevor wir's uns versahen, steckten wir mitten in einem dicken Streit. Am Abend legte sich der Disput zwar, aber die Zweifel verfolgten mich in den nächsten Tagen immer wieder.

Als wir am Sonntag wieder den Gottesdienst besuchten, fragte Mary, wie es uns ging. Elke erzählte von unseren Schwierigkeiten und den inneren Kämpfen. Mary begann in ihrer Bibel zu blättern, um uns anhand bestimmter Texte zu lehren und zu ermutigen. Zwei weitere Frauen kamen hinzu und redeten ebenfalls auf mich ein. Die Bibel hatte für mich jedoch keine Autorität, und ich konnte mir nicht vorstellen, dass sie mir in meinen persönlichen Konflikten helfen könne. Darum sah ich die Bemühungen der Frauen als völlige Verständnislosigkeit meiner Situation gegenüber an.

Als Therapeut war ich es gewöhnt, meine Gefühle absolut wichtig zu nehmen. Die Gefühle waren der Gradmesser dafür, ob mein Leben richtig oder falsch war. Darum war es notwendig, sie zu ergründen und zu benennen, denn nach meinem Verständnis hing die Wahrheit von ihnen ab. Jetzt hatte ich den Eindruck, dass man über mich *hinweg*, aber nicht *mit* mir redete. Meine Gefühle schienen nur dazu benutzt zu werden, um mich in irgendeiner Weise zu belehren. Die hingebungsvolle Stimmung während des Gebets am letzten Sonntag schien sich jetzt in bloßen Fanatismus verwandelt zu haben. Enttäuscht fuhren wir zurück zu Jacks Haus.

Als wir Mary ein paar Tage später besuchten, enttäuschte uns auch ihr Lebensstil ein wenig. Aus unserer therapeutischen Sichtweise urteilten wir, Mary könne ganz gut einige Therapiesitzungen gebrauchen ... Wir selbst wussten jedoch nicht, wie wir auf unserem Weg weitergehen sollten.

Elke: Der Ansturm bedrohlicher Mächte

Die radikale Vergebung durch Jesus Christus erfüllte mich mit Liebe und Frieden. Meine übliche kritische Haltung der Welt und den Menschen gegenüber war aufgelöst. In diesem Zustand waren alle therapeutischen Bemühungen völlig überflüssig. Ich wünschte mir nichts mehr, als dass dieser Zustand immer so anhalten würde. In ihm schien der Sinn des Lebens erfüllt zu sein.

Dann entdeckte ich zu meinem Schrecken, dass in Martin der Kampf begann. War er denn blind? Nahm er nicht wahr, dass sich endlich unsere Sehnsüchte zu erfüllen schienen und wir in Liebe und Frieden miteinander leben konnten? Ich versuchte ihn davon zu überzeugen, dass wir auf dem richtigen Weg waren. Nichts half. Seine Stimmung schwankte zwischen Aggression und Depression. Allmählich krochen auch in mir Zweifel hoch. Bilder kamen auf, in denen ich meinte, mich in einem vorherigen Leben als den ungläubigen Thomas zu sehen. Mir war klar, ohne Martin konnte ich am Glauben an Jesus Christus nicht festhalten. Schon jetzt begann es wie Treibsand unter meinen Füßen zu ziehen.

Am Abend spitzte sich die Situation dramatisch zu. Wir waren allein in Jacks Haus im Urwald. Der Regen prasselte auf das Dach. Martin saß in tiefer Depression und mit einem harten Gesichtsausdruck neben mir auf dem Sofa. Deutlich spürte ich die Anwesenheit bedrohlicher unsichtbarer Mächte. Angst und Hilflosigkeit machten sich in mir breit. Mir war, als könne das Haus dem Ansturm der Mächte kaum noch standhalten und als würde das Dach jeden Moment über uns zusammenbrechen. In meiner Not schrie ich innerlich zu Jesus Christus: «Jesus, hilf!» Laut wagte ich es nicht. Meine Befürchtung war, Martin könne aggressiv werden und sich dagegen wehren.

Als ich meinte, es vor Angst fast nicht mehr ertragen zu können, und noch einmal nach Jesus rief, war plötzlich der Friede wieder da. Ich wusste, Jesus hatte eingegriffen und uns von dem Angriff der Mächte befreit. Wir konnten wieder durchatmen und uns miteinander freuen.

Am nächsten Morgen begann der Kampf aufs Neue. Nun reichte es uns. Wir entschlossen uns, die Flucht zu ergreifen, einfach alles hinter uns zu lassen und nach Sydney zu reisen.

Während wir mit unserem Gepäck in der heißen Sonne am Straßenrand standen und auf ein Auto warteten, das uns mitnehmen würde, stritten wir furchtbar miteinander. In meinem Zorn wollte ich mich nur noch von Martin trennen. Ich warf unsere Rucksäcke in den Straßengraben, riss sie auf und begann in blinder Wut unsere Sachen auseinander zu sortieren. Dabei verstreute ich Martins Kleidungsstücke, die nicht in mein Gepäck gehörten, in dem verdorrten

Gras. Mit versteinertem Gesicht und ohne sich zu rühren sah er mir bei meiner Hektik zu. Endlich war die Trennung vollzogen und damit die Ordnung, zumindest in meinem Rucksack, wieder hergestellt. Ein wenig aufatmend, jedoch immer noch zornig, winkte ich einem herannahenden Fahrzeug zu.

Ein junger Mann hielt an und war bereit, mich mitzunehmen. Er durchschaute die Situation sofort und fragte mich: «Soll der Mann dort auch noch mit?» Diese Frage erweichte mein Herz wieder ein bisschen. Zögernd bejahte ich. Auf mein Zurufen packte Martin alle zerstreuten Gegenstände nur ganz langsam, Stück für Stück, ein. Zum Glück hatte der junge Mann am Steuer viel Geduld. So verließen wir Byron Bay zwar im Streit, letztendlich aber doch gemeinsam. Die Begegnung mit Jesus war eine gute Erfahrung gewesen. Sie würde uns sicher als ein besonderes Erlebnis in Erinnerung bleiben, konnte aber offenbar noch nicht die absolute Wahrheit sein, da wir uns momentan in keiner Weise mehr als erleuchtet wahrnahmen.

Martin: Begegnung mit einem Engel

In der Innenstadt Sydneys bezogen wir wieder ein billiges Backpacker-Hostel. Irgendwie war es beruhigend, in den Menschenmassen unterzutauchen. Hier konnten wir uns erst einmal etwas besinnen. Die Erfahrung mit Jesus war tatsächlich sehr schön gewesen. Ich hatte ihm einen Ehrenplatz zwischen meinen anderen Gurus gegeben. Ganz gewiss würde er mich gemeinsam mit ihnen spirituell begleiten. Wie das aussehen würde, wusste ich nicht. Zunächst waren Elke und ich jedoch froh, dass wir wieder zueinander gefunden hatten. Unsere aufwühlenden geistlichen Erfahrungen griffen unsere Beziehung sehr an. In all dem wollten wir wenigstens zusammenbleiben.

Hand in Hand standen wir mitten in Sydney und warteten an einer Ampel auf das Aufleuchten des grünen Lichtes. Dann überquerten wir, zusammen mit vielen anderen Fußgängern, die breite Straße. Zwischen den Menschen, die die Straße von der anderen Seite her überquerten, fiel uns ein Mann besonders auf. Er schien zu leuchten, während er direkt auf uns zukam. Als seine strahlenden Augen uns fixierten, griff ich Elkes Hand etwas fester und lief mit festem Schritt weiter. Er aber drehte sich um, lief neben uns her und fragte mit eindringlicher Stimme: «Do you know God?» («Kennt ihr Gott?») Seine Ausstrahlung ließ keinen Zweifel daran, dass *er* Gott kannte. Erschrocken über seine direkte Frage und seine Ausstrahlung, wichen wir ein wenig zurück und stammelten: «Ja, ja, wir haben schon mal was von ihm gehört.» Er ließ sich jedoch nicht beirren, denn während wir gemeinsam weiterliefen, erklärte er uns, dass seine Gemeinde eine Bibelausstellung in einem Gebäudeteil der Stadthalle Sydneys organisiert hätte. Er gab uns einen Einladungszettel und zeigte uns aus einiger Entfernung den Eingang. So plötzlich, wie er erschienen war, war er auch wieder verschwunden. Völlig verblüfft standen wir da. Es lag an uns, die Einladung anzunehmen oder nicht.

Wir berieten uns gemeinsam, während wir das Gebäude, das er uns gezeigt hatte, umkreisten. Eigentlich wollten wir uns nicht schon wieder auf irgendwelche Christen einlassen. Aber weil wir erkannten, dass wir zum zweiten Mal auf so klare Weise angesprochen worden waren, entschlossen wir uns doch hineinzuschauen.

Ich weiß heute nicht mehr genau, was der Inhalt dieser Ausstellung war. Ich erinnere mich lediglich an verschiedene Plakatwände, auf denen Fotos der Erde zu sehen waren, unter denen verschiedene Aussagen der Bibel standen. Wir waren ein wenig angespannt und konnten uns nicht recht auf die Ausstellung konzentrieren, weil wir immer wieder Menschen mit Bibeln in der Hand sahen, um die wir dann einen großen Bogen machten. Nicht noch einmal wollte ich mir die Bibel um die Ohren schlagen lassen.

Vielleicht spürten die Gastgeber unsere Vorsicht. Sie luden uns zu einer Tasse Tee ein, plauderten ein wenig mit uns und ließen uns dann gehen. Am Ausgang drückten sie uns noch eine Einladung zu einem Gottesdienst in die Hand.

Der Gottesdienst fand an einem Sonntagabend statt. Wir wussten bis zum letzten Moment nicht, ob wir hingehen würden oder nicht. Am Nachmittag genossen wir einen schönen Spaziergang in den botanischen Gärten. Ich war etwas nervös, da ich nicht wusste, wie ich mich entscheiden sollte. Etwas nachdenklich saßen wir auf einer Parkbank.

«Jetzt nur noch einmal eine Zigarette!», wünschte ich mir. Eigentlich hatte ich mich erst vor kurzem entschieden, das Rauchen aufzugeben. Aber in dieser ungelösten Frage meinte ich das Nikotin und die Ablenkung doch noch einmal zu brauchen. Ich sah mich suchend um und entdeckte einen halben Meter neben mir eine Packung mit einer einzigen Zigarette. Dankbar genoss ich sie. Tatsächlich blieb es dann bei dieser letzten Zigarette.

Als es schon fast zu spät war, um noch rechtzeitig zu dem Gottesdienst zu gelangen, der in einem entfernten Stadtteil veranstaltet wurde, entschlossen wir uns gemeinsam, doch noch dorthin zu gehen. Es war unglaublich, was daraufhin geschah. Wir konnten sofort in eine U-Bahn steigen. Nachdem wir sie verlassen hatten, stand gerade ein Bus zur Weiterfahrt bereit. Auch der nächste Bus wartete schon. Als wir ausstiegen und suchend um uns schauten, in welche Richtung wir gehen müssten, fragten uns sofort wildfremde Menschen, ob sie uns helfen könnten, und begleiteten uns zu unserem Ziel. Pünktlich auf die Minute betraten wir das Gebäude.

Wir freuten uns über die ansprechenden Lieder. Es war, als kämen wir nach Hause. In dieser Kirche wurden wir von einigen Christen in ihren Bibelhauskreis aufgenommen und bekamen dadurch ein wenig Lehre. Von nun an wussten wir endgültig, dass wir diesem Jesus folgen mussten.

Den Mann, der uns auf der Straße angesprochen hatte, sahen wir übrigens nie wieder, obwohl wir den Gottesdienst dreimal besuchten. Die Begegnung mit ihm hatte mich tief beeindruckt. Als Buddhist kannte ich keinen persönlichen Gott. Aber als dieser Mann fragte: «Kennt ihr Gott?», und dabei so sehr strahlte, erfasste ich intuitiv, dass es einen lebendigen Gott gibt und dass dieser lebendige Gott in Jesus Christus auf mich zugekommen war. Nein, Jesus gehörte nicht in die Reihe meiner Gurus, sondern ich wusste: *Er* ist der lebendige Gott in Person.

Elke: Der New-Age-Therapeut

Während unserer Zeit in Sydney kam mir mehrmals der Name eines mit uns befreundeten New-Age-Therapeuten in den Sinn, verbunden mit seiner Aufforderung, ihn in Holland anzurufen. Ich entschied mich, diesem Impuls zu folgen. Seine Frau war am Telefon und erklärte mir zu meiner Überraschung, dass ihr Mann gerade in Sydney sei. Erfreut über diese wundersame Fügung, nahmen wir dies als Zeichen dafür, ihn in seinem Hotel aufsuchen zu sollen. Er lud uns ein, an seinem Seminar teilzunehmen – denn er war im Begriff, seine selbst entwickelte Reinkarnations-Therapieform in Australien vorzustellen.

Während des Wochenendseminars nahm ich die Gelegenheit zu einer Einzelsitzung wahr, um die Beziehung zu meiner Tochter Stefanie aufzuarbeiten. Immer wieder verspürte ich den Wunsch, meine Reise abzubrechen und zu Stefanie nach Deutschland zu fahren. Durch die Sitzung erhoffte ich mir Klarheit über diesen Punkt, aber auch Befreiung von den ständig wiederkehrenden Schuldgefühlen ihr gegenüber. Die Vergebung durch Gott, die Mary mir Wochen zuvor in Byron Bay zugesprochen hatte, nahm ich in diesem Punkt nicht ernst – denn meine Gefühle sagten mir ja etwas anderes.

Laut dem Therapeuten konnte mein aktuelles Problem mit einem vorherigen Leben zusammenhängen. Mittels einer geleiteten Meditation sah ich tatsächlich Bilder vor mir, von denen ich sogleich annahm, sie entstammten einem früheren Leben. In diesen Bildern meinte ich zu erfahren, dass Stefanie sich meinetwegen einmal das Leben genommen hatte. Das war also der Grund für meine Schuldgefühle. Nachdem ich nun die Ursache durchschaut hatte, brauchte ich natürlich keine Schuldgefühle mehr zu haben, da ich ja für ihr Verhalten nicht verantwortlich gewesen war und die Situation heute eine andere war als damals.

Der Therapeut fragte mich dann: «Willst du wirklich nach Hause fahren?» Wenn ich in dieser Weise nach meinem eigentlichen Willen gefragt wurde und in mich hineinhörte, musste ich zugeben, dass ich die Heimkehr nicht unbedingt wollte. Herumzureisen und die Welt zu sehen war tatsächlich viel interessanter. Nach Meinung des Therapeuten war damit die Frage nach meiner Rückkehr geklärt. Wichtig war, dass ich das verwirklichte, was ich selbst wollte. Also brauchte ich mir über Stefanie weiter keine Sorgen mehr zu machen, da ich sonst ja an dem Ziel der Selbstverwirklichung vorbeilebte.

Zunächst war ich zufrieden mit diesem Ergebnis. Ich konnte jetzt für die Beziehung mit Martin völlig frei sein. Doch meine Gedanken um Stefanie ließen immer noch nicht nach. In mir rangen der Drang nach Freiheit und Abenteuer und die Sehnsucht nach meiner Tochter.

Eines Nachts wachte ich tränenüberströmt auf. Im Schlaf konnte ich meine Trauer, meine Schuldgefühle und mein Verlangen danach, für meine Tochter da zu sein, nicht mehr unterdrücken. Dies war für mich ein Zeichen. Statt mich nach Ereignissen früherer Leben zu richten oder meinen Wunsch nach Selbstverwirklichung zum Maßstab zu machen, sollte ich lieber der Stimme meines Herzens folgen. Oder war es sogar Gottes Stimme? Hatte ich nicht vor unserer Reise geträumt, ich würde in Australien in mein Herz kommen? Das hatte ich alles längst vergessen.

Martin ermutigte mich, nach meinem Herzen zu handeln. Ich erkannte plötzlich, dass in der Begegnung mit Jesus Christus nicht ich, sondern er in mein Herz gekommen war. Indem ich in mein Herz hineinhorchte, konnte ich also seine Stimme erwarten. Ich bekam einen tiefen Frieden bei dem Gedanken, nach Deutschland zurückzugehen und Stefanie wiederzusehen.

Martin: Ende der Suche, Ende der Flucht

Gottes Stimme zu erkennen wurde für mich zu einer ganz neuen Herausforderung. In dem Bibelkreis in Sydney, den wir inzwischen jede Woche besuchten, wurden wir regelmäßig dazu ermutigt. Der Leiter war ein einfacher junger Feuerwehrbeamter und hatte unglaublicherweise immer gute Laune. Das sei so seit seiner Umkehr zu Gott, erzählte er. Ich staunte, denn meine Laune war öfters noch ziemlich schlecht.

Kurz darauf verbrachten Elke und ich einige Tage in den Blue Mountains, etwas landeinwärts von Sydney. Während dieser Zeit sank meine Laune auf den absoluten Nullpunkt. Obwohl ich Elke sehr liebte und gerne mit ihr zusammen war, konnte ich ihre Nähe an jenem Tag nicht ertragen. So machte ich mich alleine auf den Weg, um durch die dunklen Schluchten der tiefen Canyons in den Blue Mountains zu wandern. Ich irrte durch die Wälder und fühlte mich zutiefst unglücklich.

Ich wusste nicht, wie ich beten sollte, fing aber schließlich einfach damit an, meine Not hinauszurufen. Dabei äußerte ich mein Unverständnis über meine negativen Gefühle und über meine schlechte Stimmung. Warum konnte es mir nicht so ergehen wie dem Hauskreisleiter in Sydney? Dann wäre auch ich für immer mit Freude erfüllt. Es geschah aber nichts dergleichen.

Am Abend kam ich in den Wohnwagen zurück, in dem wir übernachteten. Ich hatte nichts zu berichten, und wir schwiegen einander an. Trotz ihres Zorns fing Elke an, leise für mich zu beten. Während ich still abwartete, geschah auf einmal etwas Unfassbares in mir. Es war, als ob plötzlich mein Innerstes nach außen gekehrt wurde. Alles, was vorher an schlechten und depressiven Gefühlen in mir gewesen war, wurde in einem Nu Grund zu herrlicher Freude. Alles in mir jubelte. Diese radikale Umwandlung war buchstäblich un-mittelbar, das heißt, ich brauchte von mir aus dazu keinerlei Mittel wie Drogen oder therapeutische Methoden wie das Atmen anzuwenden. Nein, die Umwandlung geschah von außen her, von einem Gott, der sich bereit zeigte, in meine persönlichen Schwierigkeiten heilend einzugreifen.

Elke, die kaum ahnte, was geschehen war, bemerkte die Veränderung bei mir und freute sich darüber, dass ich wieder zur Besinnung kam. Ich wusste nun ganz gewiss, dass dieser lebendige Gott, den wir kennen gelernt hatten, fähig ist, mir all mein Leid und meinen Kummer auf einmal zu nehmen.

Nach dieser Erfahrung fing ich an, die leise Stimme Gottes zu hören. Auch ich wusste nun: Wir mussten zurückgehen, um unser Leben neu zu ordnen. Ich ahnte auch, dass das nicht leicht sein würde und dass mir die Freude dabei noch oft vergehen würde. Aber ich war gewiss, Gott würde uns führen. Auch wenn es uns reizte, unsere Weltreise fortzusetzen und den Erdkreis weiter zu umrunden – wir hatten noch Flugtickets nach Neukaledonien, Neuseeland, Tahiti und Amerika! –, entschlossen wir uns doch, einen direkten Flug zurück nach Europa zu buchen. Tief in unseren Herzen wussten wir, dass wir das Ziel unserer Reise erreicht hatten. Elke sollte ihre Flucht vor der Verantwortung, die ihr von Gott für ihre Tochter auferlegt war, endlich aufgeben. Und auch ich sollte lernen, auf ganz neue Art und Weise Verantwortung zu übernehmen: für mein eigenes Leben, für Elke und für andere.

Wir waren auf der Suche gewesen, aber wir hatten selbst letztlich nicht gewusst, wonach. Wir hatten zwar nach Erleuchtung, nach göttlicher Führung gesucht, aber von der richtigen Quelle keine Ahnung gehabt. Nachdem Gott uns dreimal ganz offensichtlich angesprochen hatte – in Byron Bay, in Sydney und im Wohnwagen –, wussten wir, dass wir gefunden hatten, was wir eigentlich immer gesucht hatten, nämlich ihn selbst.

Es war nicht unsere Suche, die zum Ziel gekommen war. Tatsache war vielmehr, Gott hatte *uns* gesucht und gefunden. Wir erkannten, dass *er* die Initiative zu unserer Begegnung mit ihm ergriffen hatte. Und später stellten wir fest, dass er nicht nur die erste Begegnung bewirkt hatte, sondern von seiner Seite aus auch in allen Schwierigkeiten treu zu der begonnenen Beziehung stand. Somit kamen sowohl unsere Suche als auch unsere Flucht vor den Verantwortlichkeiten des Lebens zu einem Ende.

Bodh-Gaya, Nordindien: der japanische Buddha.

Martin auf seiner inneren und äußeren Suche, Brasilien 1978.

Offen für alles: Martin liest im Tibetischen Totenbuch, 1988.

Einige Teilnehmer des ersten Meditationskurses in Katmandu, 1982 (Martin 2. von links).

Zwei holländische Freunde mit Martin (ganz rechts), 1982, Katmandu.

Der Stupa in Bodh-Gaya, Indien.

Martins Guru Ling Rinpoche einbalsamiert im Glaskasten.

Martin mit einem Kerzenständer, dem Geschenk für den Dalai Lama, 1987 (siehe Seite 85).

Die zwei jungen Mönche, die Martin bei Meditationen mit Essen versorgten (siehe Seite 81).

Beim Meditieren in den Tempeln Indiens, 1989.

Martins Hütte, in der er vier Wochen lang meditierte (1987, am Fuße des Himalaja). Siehe Seite 82.

Der Pilger vor seiner feuchten Hütte, fotografiert von einem der jungen tibetischen Mönche.

ie «Wiedergeburt» von Ling Rinpoche, fünf Jahre alt ... (Seite 123)

Martin auf seiner Indienreise, 1989.

lke kommt zum ersten Mal auf Martins Schiff in Amsterdam, 1988.

1988: Martin in Meditationshaltung auf seinem Schiff. Im Hintergrun
das Foto seines Gurus Ling Rinpoche.

Kurz vor dem Verkauf des Schiffes «Cornelia», 1989.

lke und Martin am letzten Tag in Sydney, Australien, 1990.

Martin vor dem Palast des Dalai Lama in Dharmsala, November 198
Im Hintergrund diskutierende Mönche.

Der Amtssitz des Dalai Lama in Dharmsala, 1982.

Elke vor einem Schrein in einem hinduistischen Tempel in Indien, 1989.

Vorbereitung auf das Retreat in Dharmsala, November 1989.

Elke und Martin 1990 in Krefeld.

Zurück aus dem Ashram: Bootsfahrt im Süden Indiens, 1989.

Auf dem Flughafen: Abschied vo
Australien, 1990.

Abschiedsfest auf dem Schiff «Cornelia», 1989.

Drei Jahre später, 1992, auf ein
Bibelschule in Kirchberg.

Hochzeit im Dezember 1991. Martin hat sich endgültig festgelegt!

Elke und Martin heute.

Elke mit ihrer Tochter Stefanie nach ihrem Gespräch im Juli 1993.

Elke, Martin und ein Bild mit Symbolcharakter, 1997.

Kapitel 7

Das Licht fällt in die Erde

Elke: Nicht ohne meine Tochter ...

Trotz unserer klaren Entscheidung zur Rückkehr und trotz des Friedens, den ich darüber empfand, weinte ich auf dem Flughafen hemmungslos, obwohl niemand gekommen war, um uns zu verabschieden. Wir wussten beide, dass sich in uns eine Lebenswende vollzogen hatte. Martin hatte in Australien im Moment seiner Erleuchtung, in der Stunde der Wahrheit, erkannt, dass Jesus selbst das Licht ist, das in die Erde fällt. Wie und in welcher Form diese Erkenntnis nun in unserem Leben und in unserem Alltag Gestalt gewinnen sollte, war uns keineswegs deutlich.

Unsere Familien und Freunde hatten schon viele Richtungsänderungen bei uns mitgemacht. Sie würden unser Erlebnis als eine neue Modeerscheinung betrachten, die wahrscheinlich irgendwann wieder von der nächsten Strömung abgelöst werden würde.

Es war schon Mai, als wir in Deutschland ankamen. Das frische Grün des Frühlings leuchtete uns entgegen. Natürlich galt der erste Besuch meiner Tochter Stefanie. Sie freute sich zwar, mich wiederzusehen, war aber schon bald wieder verschwunden, weil sie verabredet war. Etwas enttäuscht blieb ich zurück. Stefanie hatte nicht, wie ich gemeint hatte, auf mich gewartet, sondern führte mittlerweile ihr eigenes Leben.

Mein Mann fand es zwar in Ordnung, dass wir einige Tage im Haus wohnten, aber Martin wollte verständlicherweise nicht in dieser Situation verharren. Und auch ich wusste: «Hier ist mein Platz nicht mehr ...» Also machten wir uns alsbald auf die Socken und versuchten unser Glück in Holland.

Dort ging es uns ähnlich. Martin meldete seinen Wohnsitz im Dorf seiner Eltern an. Er hatte Anspruch auf Sozialhilfe. Schon bald bot ihm das Sozialamt ein Haus zur Miete an, in dem wir genügend Platz hatten, um für Therapieangebote ein paar Räume einzurichten. Doch jetzt verspürte Martin, dass wir bald wieder in dem alten Trott und den altbekannten Denk- und Verhaltensmustern gefangen sein würden, wenn er die Sozialhilfe und das angebotene Haus annehmen würde.

Die Sozialarbeiterin wunderte sich sehr, als Martin aufgrund dieser Einsicht bereits erhaltenes Geld wieder zurückgab und weitere Zahlungen auf sein Konto ablehnte. Er wollte lieber selbst Geld verdienen. So arbeitete er für ein paar Wochen in einer Fabrik, in der die schmutzige Wäsche aus Einrichtungen wie Krankenhäusern und Altenheimen gewaschen wurde, während wir im Wohnwagen einer Freundin wohnten. Diese Arbeit bot jedoch keinerlei Zukunftsperspektive. Wir rangen sehr um Wegweisung und reisten schließlich in die Schweiz, wo Martins Eltern ein Haus hatten. Hier beschlossen wir, so lange zu bleiben, bis Gott uns sagen würde, wie unser Weg weitergehen sollte.

Wir waren inzwischen bereits zwei Monate in Europa. In Sydney hatten wir Menschen gefunden, die uns zu ihren Bibelabenden und Gottesdiensten einluden. Sie hatten uns ein klein wenig geistliche Führung gegeben. Hier waren wir jedoch allein. Die Bibel hatte immer noch keine Autorität für uns, und so setzten wir uns täglich hin, meditierten, beteten, beobachteten unsere Träume und lasen Bücher, von denen wir annahmen, sie könnten uns Weisheit schenken. Manchmal meinten wir auch tiefsinnige Erkenntnisse zu haben, aber eine richtige Antwort auf unsere Fragen erhielten wir erst am Ende des Sommers.

Meine Sorge um Stefanie wurde wieder lebendig, und es zeigte sich immer deutlicher, dass ich in ihre Nähe ziehen musste. Es stand an, meine Familienverhältnisse in Ordnung zu bringen. In der Hoffnung, Stefanie würde vielleicht für ein paar Tage in der Woche bei uns wohnen, zogen wir nach Krefeld. Wieder wurde ich enttäuscht. Stefanie besuchte uns zwar sporadisch, wollte aber bei meinem Mann wohnen bleiben.

Martin: Wenn es für Schuld keine Lösung gibt

Die Begegnungen mit Jesus Christus hatten uns überraschende Einblicke in eine völlig neue Lebensart vermittelt. Am Anfang waren wir erfüllt mit Liebe und Frieden. Allmählich ließ die Wirkung unserer ungewöhnlichen Erfahrungen jedoch nach. Sie boten keine stabile Grundlage für unser Leben als Christen. Alte Gedanken und Verhaltensmuster kamen wieder auf. Ihnen folgten Zweifel und Frustration.

Es war, als ob Gott uns in Australien eine kleine himmlische Vorschau gegönnt hatte. Jetzt stellte er uns in die Aufgabe hinein, unser Leben so zu bereinigen, dass es mit dieser Schau in Einklang gebracht werden konnte – so wie die endgültige Größe, das Aussehen und auch bestimmte Eigenarten eines Menschen schon bei der Geburt feststehen, er aber erst in sie «hineinwachsen» muss. Es galt, im Glauben an dem festzuhalten, was Gott uns in Aussicht gestellt hatte, trotz der Tiefen und Irritationen der Alltagserfahrungen.

Nach meiner himmlischen Erfahrung der unaussprechlichen Freude, die ich in den Blue Mountains erlebt hatte, hoffte ich heimlich, dass mein Leben von nun an ein endloser Zustand von Freude, Fröhlichkeit und Spaß sein würde. Es machte mir schwer zu schaffen, als es nach diesem erfüllenden Erlebnis mit Jesus Christus nun nicht auf Wolke sieben stattfand.

Meine Erwartung war, das wurde mir bald einsichtig, durch die Erleuchtungsvorstellung des Buddhismus und des New Age bedingt. Darin kommt zum Ausdruck, dass der höchste spirituelle Stand des Menschen dann erreicht ist, wenn er frei ist von allen Begrenzungen des menschlichen Körpers.

In den therapeutischen Sitzungen hatten wir häufig erlebt, dass Menschen vor Trauer weinten angesichts des Umstands, noch so gefangen in ihrem Körper zu leben, statt sich als freie Seele im Kosmos zu bewegen und damit Zugang zum so genannten «kosmischen Wissen» (Allwissenheit) zu haben. Dieser Zustand wäre das völlige Einssein mit dem Kosmos – oder anders gesagt: mit dem Göttlichen.

In letzter Konsequenz bedeutet diese Vorstellung allerdings die Ablehnung unserer Existenz als Mensch. Das menschliche Dasein ist damit sinnlos oder, wie es der Buddhismus klar ausdrückt: Das Leben *ist* Leiden.

Jahre später bekamen wir die Gelegenheit, in einem New-Age-Laden unsere Geschichte zu erzählen. Einer der Teilnehmer drückte anschließend das aus, was auch wir viele Jahre geglaubt hatten. Er meinte, seit jenem Erlebnis der Erleuchtung schwebten wir bestimmt innerlich etwa einen halben Meter über dem Boden. «Im Gegenteil», sagte ich ihm, «nach der Begegnung mit Jesus Christus bin ich erst richtig Mensch geworden!»

Während wir vorher versucht hatten, der Realität dieser Welt zu entfliehen, waren wir jetzt bereit, als Menschen in dieser Welt zu leben, weil Gott uns als Menschen geschaffen hat. Seine Absicht mit dem Menschen ist gut, denn in der Schöpfungsgeschichte, im ersten Mose-Buch, sagt Gott, nachdem er den Menschen als Krone der Schöpfung schuf: «Und es war sehr gut!»

Das bedeutet doch, Gott beabsichtigte ursprünglich kein Leiden. Die Grundlage des biblischen Menschenbildes ist also nicht wie im Buddhismus der Kernsatz «Das Leben ist Leiden». Wenn alles Leben nur Leiden ist, falle ich entweder in einen Zustand der Depression oder kann nur frei werden, indem ich der Realität entfliehe. Obwohl die New-Age-Strömung keineswegs bewusst diese buddhistische «Glaubensgrundlage» angenommen hat, ist in der Praxis das Verlangen danach, in transzendente Sphären zu fliehen, sehr ähnlich. Wie kann es auch anders sein, wenn es keine Lösung für das Thema Schuld gibt!

«Die Erleuchtung durch Jesus führt nicht dazu, dass er uns zu schwebenden Wesen macht», erklärte ich dem jungen Mann im New-Age-Laden, «sondern dahin, dass sein Licht uns zwei Dinge aufzeigt. Erstens zeigt es uns Gottes Liebe zu uns. Und zweitens erkennen wir, wer wir in seinen Augen wirklich sind. Im hellen Licht Gottes erkennen wir alle unsere Gedanken, alle Neigungen und Taten, die uns von Gott trennen. Diese Erkenntnisse können wir nur ertragen, weil Gott uns liebt und uns all diese Dinge, die uns von ihm trennen, vergibt. Erst unter seiner Anleitung werden wir in die Lage versetzt, unser Leben als Menschen nach dem Maßstab Gottes zu führen.»

Mein Gesprächspartner schaute mich etwas verdutzt an. Er schien von meinen Worten nicht besonders angesprochen zu sein. Das konnte ich aber gut nachvollziehen. Wie schwer war es für mich gewesen, sogar nach der Begegnung mit Jesus, diese Gedanken zu verstehen und sie in die Praxis umzusetzen. Erst nachdem ich angefangen hatte, in der Bibel zu lesen, eröffnete sich mir ein ganz neues Verständnis der Realität. Diese Realität bezog sich direkt auf meinen ursprünglichen Leitsatz: «Das Licht fällt in die Erde.»

Elke: Die Brüder und die weiblichen Anteile

Inzwischen hatte sich ein neuer Alltag eingependelt. Ich lebte hauptsächlich von einer kleinen finanziellen Abfindung meines Mannes, während Martin hier und dort arbeitete. Dann und wann gaben wir noch therapeutische Sitzungen, merkten jedoch zunehmend, dass wir nicht mehr hinter den alternativen therapeutischen Methoden standen, die wir früher gelernt hatten.

Eine andere Sorge war, dass wir in Bezug auf den christlichen Glauben alleine nicht weiterkamen. Wir spürten, wir brauchten Unterstützung und Gemeinschaft mit Menschen, die uns begleiten oder lehren konnten. Eines Tages entdeckte ich auf einem Spaziergang durch das Stadtviertel, in dem wir wohnten, einen christlichen Buchladen. An der Tür hing ein Schild mit der Adresse einer Evangelisch-Freikirchlichen Gemeinde. Später hörte ich, dass sie sich zusätzlich noch Brüdergemeinde nannte, was bedeutete, dass sie keinen Pastor hatte, sondern wie die im Neuen Testament beschriebene Urgemeinde unter der Leitung mehrerer Ältester zusammenkam. Ich hatte noch nie von solchen Gemeinden gehört und hätte sie vor meiner Begegnung mit Jesus vermutlich als Sekte bezeichnet.

Als Martin und ich an einem Sonntag zum Gottesdienst gingen, fühlte ich mich zunächst ein wenig fremd. Nachdem wir aber gemeinsam ein paar Lieder gesungen und drei oder vier Männer spontan gebetet hatten, wusste ich: Hier ist der Geist Gottes. Sogleich fühlte ich mich heimisch und war von Dankbarkeit und Freude erfüllt.

Natürlich ging es hier nicht so überschwänglich zu wie in Byron Bay, aber ich dachte: Dies ist eben Deutschland. Oftmals beobachtete ich die Prediger aus meiner therapeutischen Sicht. Besonders bei einem schien es mir, als atmete er kaum richtig durch, und ich meinte, er könnte gut ein paar Atemsitzungen bei mir gebrauchen, um ein wenig lebendiger zu werden und seine Gefühle mehr zuzulassen.

Auch wunderte ich mich darüber, dass Frauen sich nicht durch Gebet oder Predigt am Gottesdienst beteiligten. Bei meinem ersten Besuch unterdrückte ich noch gerade eben den spontanen Impuls, laut zu beten. Wenn mir auch diese Einstellung zur Rolle der Frau etwas fremd und der heutigen Zeit nicht mehr angemessen erschien, erlebte ich die Rollenverteilung, wie sie hier praktiziert wurde, doch auch als beruhigend. Ich konnte mich nun nämlich zurücklehnen und einfach mal zuhören. In den Jahren, in denen ich mich mit Frauenemanzipation beschäftigt hatte, hatte ich immer gemeint, an vorderster Front stehen zu müssen, um ja nicht einzugestehen, mich auf irgendeinem männlichen Gebiet nicht auszukennen. Ich saß innerlich praktisch immer auf dem Sprung. Dies war mit der Zeit weit über meine Kräfte gegangen.

Martin hatte erstaunlicherweise wesentlich mehr Probleme mit der fehlenden weiblichen Beteiligung in der Gemeinde. Nach seinem und dem esoterischen Verständnis mussten sich doch die Anteile von weiblicher und männlicher Energie die Waage halten. Ansonsten könne keine Harmonie entstehen.

Nach ein paar Wochen entschied ich mich, in dieser Gemeinde an einem Bibelkreis für Anfänger teilzunehmen. Auch Martin wurde neugierig und kam eine Woche später dazu. Die neuen Freundschaften, die wir hier schlossen, waren ein Pflaster auf die Wunde der zerbrochenen Beziehung zu Stefanie.

Eines Abends wurden wir zu einem der Ältesten der Gemeinde und seiner Frau eingeladen. Wir erzählten unsere Geschichte, und zu unserer Überraschung entdeckten wir Tränen der Rührung in den Augen des Mannes, von dem wir aufgrund unserer Beobachtungen im Gottesdienst annahmen, er würde seine Gefühle, also seine «weiblichen Anteile», nicht leben. Das Ehepaar staunte über Gottes Wirken an uns.

Dann erzählten wir über unsere Arbeit als Psychotherapeuten. Sie hörten gespannt zu, stellten Fragen und waren offen für unsere

Welt. Dadurch fühlten wir uns vollkommen angenommen. An diesem Abend begann ich zu lernen, Urteile über Menschen, die bei mir durch die erste äußere Einschätzung entstanden waren, über Bord zu werfen.

Martin: Der Buddha in meinem Kopf ...

Es dauerte noch ein Jahr, bis ich ernsthaft anfing, in der Bibel zu lesen. Zu der Zeit nahmen wir öfters an den Gottesdiensten der bereits erwähnten Gemeinde in Krefeld teil. Eines Tages besuchte uns ein Mitglied dieser Gemeinde und schenkte mir eine holländische Bibel. Auf dem Hintergrund meiner Erfahrung in Australien dankte ich ihm zwar für das Geschenk, sagte ihm aber in meiner holländischen Direktheit: «Ich weiß nicht, ob ich darin lesen werde, denn ich kann mit der Bibel nicht viel anfangen!» Er sah mich etwas erschrocken an, ließ mir die Bibel aber trotzdem da.

Eine Woche später nahm ich sie mir dann doch zum Lesen vor, und zu meinem Erstaunen faszinierten mich die Geschichten plötzlich. Jetzt fasste ich auch Mut, um in den Bibelkreis für Anfänger zu gehen, den Elke bereits besuchte. In einer gemütlichen Runde, bei Tee und Keksen, wurde hier in sehr persönlicher Weise über die Bibeltexte gesprochen. Allmählich begriff ich, dass ich Jesus Christus durch die Bibel besser kennen lernen konnte. Und das war mir ein unbedingtes Anliegen.

Nachdem wir uns in Krefeld niedergelassen hatten, nahm ich zunächst noch Kontakt mit einigen meiner früheren Klienten auf und fuhr etwa jede zweite Woche nach Holland, um im Haus meiner Eltern weiterhin Sitzungen anzubieten. Mein Herz schlug jedoch nicht mehr für die therapeutische Arbeit. Es war mir inzwischen klar geworden, dass therapeutische Methoden zwar bis zu einem gewissen Grad wirken, jedoch niemals Gottes umfassende Befreiung geben können. So ließ mein Engagement für diese Arbeit allmählich nach.

Elke und ich versuchten noch, in der Gemeinde eine christliche Meditationsfreizeit durchzuführen. Hierzu gestalteten wir ein schönes Einladungsblatt mit einem meditierenden Buddha darauf. Als wir, ahnungslos und stolz auf unser kreatives Werk, in unserem kleinen Bibelkreis ein paar Einladungen verteilten, erlebten wir, wie eine der Leiterinnen regelrecht schockiert reagierte. Ohne eine Erklärung, aber mit eindeutiger Ablehnung, gab sie Elke das Blatt zurück. Elke fühlte sich vor den Kopf gestoßen und erfuhr erst später den Beweggrund der Abwehr, nämlich dass wir neben Gott keinen anderen Göttern dienen sollten. Auch wenn der Buddha auf der Einladung von uns nur als Symbol für Meditation gemeint war, so zeigte er eben doch immer noch unsere Verbindung zu ihm. Ich glaubte zwar nicht, Buddha sei ein Gott, aber ich erhoffte mir insgeheim noch Hilfe von der buddhistischen Methode der Meditation.

Obwohl ich mich während des Gebets in Australien vom Buddhismus losgesagt hatte, sah das in der Praxis ganz anders aus. Im Grunde hing mein Herz noch an dieser Religion, und ich praktizierte nun eine Mischung aus buddhistischen Meditationen und christlichen Gebeten. Die schroffe Reaktion der Frau aus der Gemeinde forderte uns einerseits heraus, unsere Bindung zu Buddhismus und Esoterik zu überprüfen. Andererseits sollten wir unseren Glauben und unsere Reaktionen nicht von Menschen und deren Verhalten abhängig machen, sondern ihnen vielmehr vergeben, so wie Jesus uns immer wieder vergibt. Nach einigen Schwierigkeiten vergaben wir der Frau ihre wenig einfühlsame Reaktion. Sie ist heute noch eine unserer besten Freundinnen.

Im Grunde waren wir auch geistlich noch nicht reif genug, um eine solche Freizeit zu leiten. Gott wusste, dass wir eigentlich glaubensmäßig noch wie Babys waren. Und mangels Teilnehmern wurde die Sache dann sowieso abgeblasen ...

Elke: Die Wunden meiner Lebensführung

Ganz allmählich veränderte sich unser Leben. Ich wusste, ein wichtiger Schritt, zu dem Gott mich aufforderte, bestand darin, die Beziehung zu meinem Mann zu klären. Dazu brauchte ich Abstand zu Martin und das Gespräch mit Gott. In einer katholischen Kirche fand ich einen Aushang über eine günstige Reise nach Taizé. Dieses Angebot nahm ich wahr und verbrachte dort eine Woche im Schweigen und im Gebet. Schließlich bekam ich Frieden über meine Beziehung zu Martin.

Dennoch war ich ein wenig unsicher über den erfahrenen Frieden, und so wollte ich meinem Mann meine ehrliche Bereitschaft bekunden, zu ihm zurückzukehren. Falls er damit einverstanden wäre, würde ich dies als den Willen Gottes ansehen.

Es fiel mir nicht leicht, meinen Mann aufzusuchen und ihm diese Mitteilung zu machen. Er wollte jedoch nicht mehr mit mir zusammen leben, sondern meinte, sein Leben sei ohne mich besser geworden. Kurze Zeit später reichte er die Scheidung ein.

Von Stefanies Seite sah und hörte ich keinerlei Reaktionen zu all dem Geschehen; sie brachte weder Trauer noch Zorn zum Ausdruck. Erst sieben Jahre später kamen ihre wahren Gefühle ans Licht. Erst ganz allmählich war mir bewusst geworden, welch tiefe Wunden meine Lebensführung bei Stefanie hinterlassen haben musste. Einmal schenkte sie mir ein Foto, auf dem sie mit zusammengekniffenen Lippen zu sehen war. Ich fragte mich: «Ist dies ein Hinweis oder ein Hilferuf? Oder beides zusammen?»

Wenn wir einander begegneten, hatten wir eigentlich immer ausreichend Gesprächsstoff. Es blieb allerdings meistens bei einer mehr oder weniger oberflächlichen Kommunikation. Unser Zusammentreffen war außerdem meist auf wenige Stunden beschränkt, dann wollte sie jeweils schnell wieder nach Hause zurück. Ein paar Mal bat ich sie für mein Handeln um Vergebung. Dabei schien es jedoch immer so, als müsse eher sie mich trösten als ich sie.

Darum besuchte ich sie eines Tages gezielt mit dem Wunsch, über bestimmte Ereignisse zu sprechen, die in ihrer Kindheit bei uns zu Hause geschehen waren. Während eines Seminars an einer freien theologischen Hochschule (der Freien Hochschule für Mission in Korntal), die ich inzwischen besuchte, erinnerte ich mich an etwas, was Stefanie mir erzählt hatte, als sie ungefähr zwölf Jahre alt war. Sie hatte mir damals gesagt, sie habe als kleines Kind, immer wenn sie nachts zur Toilette ging, im Badezimmer zwei unsichtbare Gestalten wahrgenommen, die sich miteinander unterhielten. Voller Angst war sie dann jeweils rasch wieder in ihr Zimmer zurückgegangen und hatte sich unter der Bettdecke verkrochen.

Auch ich hatte früher den Eindruck gehabt, dass sich in unserem Haus Geister aufhielten. Als ich Stefanie jetzt darauf ansprach, erzählte sie erneut von jenen nächtlichen Begegnungen und von der

Angst, die damit verbunden gewesen war. Noch immer litt sie unter Albträumen. Da ich in dem Seminar gerade von Phänomenen dieser Art gelesen hatte und wusste, wie sehr solche Erfahrungen das Leben eines Menschen belasten können, sagte ich ihr ohne Umschweife: «Du weißt, dass nur Jesus dich von diesen Ängsten und Mächten befreien kann. Willst du nicht dein Leben unter seine Führung stellen?»

Martin und ich hatten mit ihr immer wieder von unserem Glauben gesprochen. Sie hatte zwar höflicherweise zugehört, aber ein klares Ja für sich selbst stets abgelehnt. Als ich sie diesmal darauf ansprach, sagte sie zu meinem Erstaunen, dass sie sich in ihrem Herzen schon für Jesus Christus entschieden hätte. Ich fragte sie, ob wir zusammen beten könnten. Das wurde für uns beide einer der wenigen Momente der echten, tiefen Offenheit. Im Namen Jesu gebot ich den Mächten der Finsternis zu gehen und bat um Heilung für Stefanies verletzte Seele.

Plötzlich war ihr Mund geöffnet, und sie bekannte zum ersten Mal, wie schlimm es für sie gewesen war, dass ich sie verlassen hatte. Wir weinten miteinander, und ich bat sie um Vergebung. Ich wusste zwar, Gott hatte mir vergeben, ja; aber erst als Stefanie mir unter Tränen vergab, war es, als fiele die schwere Last von meinen Schultern. Es war nicht die Last der Schuld selbst, denn die hatte mir Gott schon genommen. Es war die Last der *Folgen* meiner Schuld, die sich in der Einsamkeit Stefanies und unserer zerstörten Beziehung zeigte und die jetzt endlich von meinen Schultern glitt.

Mir wurde deutlich, dass auch ich Stefanie ihre jahrelange Verschlossenheit vergeben musste. Einerseits konnte ich ihr dieses Verhalten wirklich nicht übel nehmen, denn ich hatte sie durch mein Weggehen in diese defensive Haltung getrieben. Andererseits hatte ich meinerseits so oft darauf gewartet, von ihr auch nur einmal den Wunsch zu hören: «Komm doch nach Hause!» Doch da sie diesen Satz nie aussprach, fühlte ich mich abgelehnt.

Befreit von den Einflüssen dunkler Mächte und der Vergangenheit, konnte Stefanie jetzt ihre Verletzungen und ihre Trauer zulassen und auch aussprechen. Die Vergebung, die durch Jesus Christus geschehen war, zog in ihr Herz ein. In dieser Stunde der Wahrheit fand zwischen uns wirkliche Versöhnung statt. Jetzt war Stefanie auch in der Lage, ihr Leben bewusst in die Hand Gottes zu legen. Erleichtert und voller Freude trennten wir uns an diesem Abend.

Zum zweiten Mal in meinem Leben hatte ich die wunderbare Kraft von Jesus in ganz konkreter Weise erfahren!

Martin: Ein Zeichen für die unsichtbare Welt

Mittlerweile war mir klar geworden, dass ich, statt mich mit Meditationsfreizeiten zu beschäftigen, die von Jesus empfangene Liebe einfach weitergeben sollte. Eine Ansage in der Gemeinde ließ mich aufhorchen. Für eine Schülerfreizeit in Norwegen wurde ein Koch gesucht. Kochen konnte ich zwar nicht, aber ich hatte gerne Kontakt mit jungen Menschen. Als die Veranstalter niemand Besseres fanden, engagierten sie mich wenigstens als Hilfskoch.

In Norwegen merkte ich, wofür mein Herz schlug: nicht so sehr fürs Kochen, sondern für die Aufgabe, mit jungen Menschen über Jesus Christus zu sprechen. Es gefiel ihnen, mit einem Abenteurer wie mir zu reden. Die Art und Weise, wie ich Christ geworden war, ermutigte sie. Mich ermutigte andererseits zu hören, wie diese Jugendlichen ihren Glauben lebten.

Begeistert kam ich von der Freizeit zurück. Innerlich stand für mich fest: «Ich will etwas für Jesus tun.» Aber wie sollte das aussehen? Mir wurde deutlich, dass ich als erstes meine Verbindung zu Jesus Christus durch die Taufe sichtbar machen müsste: für mein Umfeld, also meine Eltern, meine Freunde, meine Gemeinde, aber auch für die unsichtbare Welt. Elke entschied sich ebenfalls zu diesem Schritt. Wir meldeten uns zum nächsten Tauftermin in der Gemeinde an.

Daraufhin besuchten uns eines Abends zwei Älteste der Gemeinde, um mit uns über die Taufe zu sprechen. Unsere modern eingerichtete Wohnung mitten in der Stadt hing noch voller bunter Buddhatücher. Die Ältesten erwähnten dies mit keinem Wort. Wir machten uns ebenfalls keine Gedanken darüber.

Vielmehr beschäftigte uns seit einigen Wochen ein anderes Thema: «Unverheiratet zusammenleben». Ohne dass jemand uns direkt daraufhin angesprochen hätte, ahnten wir, dass das nicht in Ordnung sei. Auf meine Anregung hin hatten wir Versuche gestartet, unsere Betten zu trennen. Dies scheiterte jedoch immer wieder. Zu unserem Konflikt kam hinzu, dass Elke noch nicht einmal geschieden war. Nun befürchteten wir, die Ältesten könnten uns die Taufe verweigern. Aufgeregt erzählten wir ihnen von unseren Erkenntnissen und Bemühungen. Offen gestanden wir unsere inneren Kämpfe und unsere Schwächen ein.

Geduldig hörten die beiden Männer zu. Hin und wieder stellten sie eine Frage zum besseren Verständnis. Zum Schluss ergriff einer das Wort. Wir erwarteten eine Zurechtweisung. Er aber sagte: «Ich sehe, der Geist Gottes wirkt an euch. Er wird euch zeigen, was richtig ist. Darum habe ich keine Bedenken, euch zu taufen.» Erleichtert atmeten wir auf und freuten uns auf den Tag unserer Taufe. Wir sprachen noch über meinen Wunsch, anderen Menschen von Jesus zu erzählen und für ihn zu arbeiten. Sie rieten mir, erst einmal auf eine Bibelschule zu gehen.

Wir wurden mit zehn anderen zusammen getauft. Die Aufregung war groß. Meine Eltern waren extra aus Holland gekommen, um dabei zu sein. Jeder spürte, vielleicht ähnlich wie bei einer Hochzeit, die besondere Bedeutung dieser Handlung. Trotzdem kann ich mich nicht erinnern, dabei eine besonders außergewöhnliche Erfahrung gemacht zu haben.

In dieser Art von Gemeinde ist es üblich, die Täuflinge nicht nur mit Wasser zu besprengen, sondern sie wie zur Zeit Jesu im Wasser unterzutauchen. Mein Vater schrieb mir später in einem Brief seine Eindrücke über diesen Moment: «Als du in das Becken gingst, untergetaucht wurdest und wieder hochkamst, dachte ich: Nun habe ich meinen Sohn verloren. Ich war darüber zutiefst traurig, denn ich hatte das Gefühl: Jetzt gehörst du jemand anderem.»

Seine Wahrnehmung überraschte mich. Ohne dass er etwas von der tieferen Bedeutung der Taufe wusste (meine Eltern waren ebenso wie ich nicht getauft), hatte er doch ihren Sinn erfasst. Denn es stimmte: Mit meiner Taufe bekannte ich öffentlich, nun zu meinem himmlischen Vater zu gehören.

Martin: Panik im Angesicht der Ehe

Auf Anraten der Ältesten unserer Gemeinde ging ich zunächst alleine auf eine Bibelschule. Elke blieb vorerst einmal in Krefeld, um die nur noch auf dem Papier bestehende Ehe zu beenden. Sie entschied sich nachzukommen, falls wir heiraten würden. Einen Tag nach unserer Taufe brachte sie mich in unserem kleinen Wagen zur Bibelschule. Am selben Tag begann dort das Unterrichtsprogramm. Ich bekam ein kleines Zimmerchen und freute mich inzwischen sehr darauf, mehr aus der Bibel zu erfahren.

Das Programm auf der Bibelschule nahm viel Zeit in Anspruch. Trotzdem hielt ich mein Versprechen, mich jeden Abend nach dem Essen im Gebet mit Elke zu verbinden. So blieb der «innere Draht» auch aus der Distanz erhalten. Dennoch hatte ich hier einen besonderen Freiraum, um einmal etwas intensiver über uns nachzudenken, denn auf der Schule musste ich mich nicht mit den direkten Anforderungen unserer Beziehung auseinandersetzen, die sich sonst im Zusammenleben üblicherweise ergaben.

Solange wir uns kannten, hatten wir gefühlt und gelebt wie ein Ehepaar. Wir hatten uns wild verliebt und uns kopfüber in eine feste Beziehung gestürzt. Dabei hatten wir kaum je über unsere Situation nachgedacht. Es fühlte sich alles so gut an, darum meinten wir, es müsse auch gut sein!... Ein Hintertürchen hatten wir uns dabei jedoch offen gehalten: Wenn wir die Liebe nicht mehr spüren sollten, würden wir einfach aussteigen.

Inzwischen hatte ich aber erkannt, dass ein derart lockeres Zusammenleben nicht unbedingt gottgewollt ist. Ich begriff, dass Gott Beziehungen will, die verbindlich sind, damit wir uns sicher und geborgen wissen können. Im Fall einer Ehe wäre dann auf der anderen Seite aber Flüchten nicht mehr möglich. Schon gar nicht, wenn wir die Ehe vor Gott schließen würden. Das war mir klar.

Das stand aber meinem alten Freiheitsideal entgegen. Alles in mir rebellierte. Ich verspürte eine große Angst. Die Furcht vor einer Bindung und davor, dass ich einen Fehler machen könnte, war so groß, dass sie meine bisher tiefen Gefühle der Liebe überlagerte. Im Angesicht einer eventuellen Ehe empfand ich jetzt nur noch Druck.

Ein bürgerliches Leben verachtete ich. Deswegen hatte das Wort «heiraten» bis dahin nicht zu meinem Vokabular gehört. Ich wollte meine Freiheit. Dabei wusste ich, dass ich äußerst unfrei gewesen war. Ich kannte die Freiheit der Flucht, aber nicht die Freiheit der Entscheidung! Und jetzt wurde von mir eine Entscheidung verlangt.

Ich sprach mit den Bibelschullehrern über das, was mich beschäftigte. Je mehr ich meine Zweifel und Ängste ans Licht brachte, desto verwirrter wurde ich. Aber Gottes leise und einladende Stimme wirkte sogar inmitten meines inneren Chaos. Ich hörte sie in einer Unterrichtsstunde, als einer der Lehrer erklärte: «Wenn du keine Nachricht von Gott bekommst, dann tu das, was du als Letztes von ihm erfahren hast.» Ich wusste sofort, was das in meinem Fall bedeutete: Elke heiraten.

Als ich während eines Besuches in Krefeld einem der Ältesten der Brüdergemeinde unser Vorhaben zögernd mitteilte, traten ihm vor Rührung die Tränen in die Augen. Seine Freude war so überraschend, dass Elke und ich sie als Zeichen von Gott, als Bestätigung annahmen. Wir heirateten im Dezember desselben Jahres. Die Gemeinde in Krefeld organisierte die gesamte Hochzeitsfeier. Obwohl wir bislang nur wenige Gemeindemitglieder persönlich kannten, waren viele Gäste da. Es war ein sehr schönes Fest und eine Ermutigung für alle Beteiligten.

So zog Elke schon im Januar mit mir nach Süddeutschland und stieg ebenfalls in das Programm der Bibelschule ein. Gott hatte wie zur Bestätigung zur rechten Zeit für eine wunderschöne, gemütliche Dachgeschosswohnung gesorgt.

Das Studium an der Bibelschule war nicht immer leicht für mich. So machten mir zum Beispiel einige blutrünstige Geschichten der Bibel große Schwierigkeiten. Es dauerte mehrere Jahre, bis ich ihre Bedeutung verstand. Die Aussagen der Bibel und die buddhistischen Lehren stehen sich in vielen Punkten konträr gegenüber. Erst in der Konfrontation wurde mein buddhistisches Gedankengut deutlich sichtbar. Mein Glaube an Jesus und meine Treue zu ihm wurden oft auf die Probe gestellt.

Widerstände, Zweifel und Fragen kamen in mir auf. So hatte ich auch Mühe anzunehmen, dass es nur *einen* Weg zur Erlösung und *eine* absolute Wahrheit gibt. Jesus Christus sagt von sich selbst: «Ich bin der Weg und die Wahrheit und das Leben. Niemand kommt zum Vater außer durch mich.» Er sagt damit, dass er als absolute Wahrheit in die Welt gekommen ist. Die Buddhisten dagegen lehnen eine absolute Wahrheit in dieser leidvollen Welt ab. Eine absolute Wahrheit gibt es nur außerhalb dieser Existenz in dem erleuchteten Zustand des Nirwana. In dieser Welt gibt es ihrer Ansicht nach nur eine relative Wahrheit. Aus diesem Grunde sind für sie auch viele Wege möglich.

Aber jedes Mal, wenn ich mich zu einem Ja zu Jesus und zu seinen Aussagen durchrang, war ich wieder erfüllt von tiefem Frieden und von Liebe und fühlte mich dann geborgen in seiner göttlichen Gegenwart. Ich spürte, dass Gott mir eine ganz andere Qualität des Lebens vermittelte, ein Leben im Licht Gottes, ein wahrhaftig erleuchtetes Leben.

Kapitel 8

Die starken Wurzeln des Buddhismus

Martin: Die furchtbar einsame Leere des Nirwana
Immer wieder war ich enttäuscht über mein «christliches Leben». Ich wusste nicht, was genau ich als Christ eigentlich tun sollte, und war des öfteren launisch und matt. Dann fühlte ich mich unfähig, anderen Menschen irgendetwas von meinen Erlebnissen mit Jesus mitzuteilen. Ich meinte, ich müsste immer gut gelaunt sein, um etwas für ihn tun zu können. Außerdem konnte ich mir nicht vorstellen, dass seine Liebe mir, wenn ich derart schlecht gelaunt und lustlos war, trotzdem noch galt.

Die Grundannahme des Buddha, «Das Leben ist Leiden», schien mir deshalb doch wieder der Wahrheit zu entsprechen. «Vielleicht hat die buddhistische Lehre in bestimmten Aspekten doch Recht», seufzte ich manchmal. «Ihre Friedfertigkeit gegenüber allen Lebewesen ist doch vorbildlich. Davon könnten viele Christen sich eine Scheibe abschneiden ...»

Immer wenn ich solche Gedanken gehegt hatte, geschah es, dass sich im Laufe von einigen Tagen eine unbestimmte Leere in mein Herz schlich. Sie machte mich passiv, vor allem in Bezug aufs Bibellesen und das Gebet. Ich konnte diese furchtbare Leere nur entlarven, wenn ich mir klar machte, dass ich vorher wieder mit der buddhistischen Lehre geliebäugelt hatte. Sogleich bat ich Gott um Vergebung, und die innere Leere verschwand wie Schnee an der Sonne.

Da merkte ich, dass einzelne Lehrsätze des Buddhismus nicht einfach in neue Grundlagen übernommen werden können. Sie lassen sich nicht von dem ganzen System loslösen. Mit anderen Worten: Ich kann nicht einfach die Rosinen aus dem Kuchen naschen, ohne auch von dem Teig, also von der Grundsubstanz, zu essen. Sobald ich auch nur Teile der buddhistischen Lehre wieder annahm – auch wenn sie, menschlich gesehen, gute Aspekte aufwiesen –, verband ich mich damit erneut mit dem ganzen geistlichen Gebilde.

Erst jetzt erkannte ich das wahre Gesicht des Buddhismus. Er erscheint auf den ersten Blick in angenehmer Gestalt, etwa mit seiner Friedfertigkeit oder seinem hervorragenden moralischen Standard. Dann aber entpuppt er sich als ein schleichender Geist, der mich unmerklich für sich vereinnahmen und in die furchtbare, einsame Leere des Nirwana mitreißen will, in der es keine Beziehung zu einem persönlichen Gott gibt und in der jegliches Leben fehlt.

Nun wusste ich, dass ich mich völlig vom Buddhismus distanzieren musste, damit die anfänglich erfahrene Erfüllung mit der Liebe und dem Frieden von Jesus Christus in mir bleiben würde.

Der friedvolle Buddha und der leidende Jesus

Es dauerte Jahre, bis sich durch wiederholte Erlebnisse die Freude an diesem Geschenk in meinem Herzen verankerte und ich zuversichtlicher wurde. Nach und nach konnte ich die Tatsache annehmen, dass auch der Glaube zu diesem Geschenk gehört und nicht eine Fähigkeit von mir ist. Diese anfänglich zaghafte Vermutung wurde zu einer herrlichen Gewissheit und zu einer verlässlichen Grundlage in mir. Ich bekam nun festen Boden unter die Füße, wie ein Kind, das sich der Liebe seiner Eltern immer mehr bewusst und sicher ist.

Wie oft hatte ich früher das Gefühl gehabt, in bodenlose Tiefe zu stürzen, wenn ich wieder einmal versagt hatte und merkte, wie weit ich noch von der Perfektion eines Buddha entfernt war! In solchen Momenten machte sich eine Frustration in mir breit, die mich fast zerriss. Die Kluft zwischen meiner deprimierten Verfassung und der unerschütterlichen Harmonie des Buddha schien unüberbrückbar zu sein.

Der Anblick der Harmonie einer Buddhastatue hatte mich immer unheimlich fasziniert. Mich verlangte danach, diese Unerschütterlichkeit zu besitzen. Es schien, als könne die Welt neben dem Buddha untergehen und er würde dennoch in sich selbst – oder war es im Nichts? – ruhen. Trotz vieler körperlicher, geistiger und seelischer Anstrengungen wollte dies in meinem Alltag aber einfach nicht real werden.

Manchmal stand ich von einer tiefen Meditation auf. Das Ziel der Erleuchtung schien schon ganz nahe zu sein. Doch fünf Minuten später war ich wegen irgendwelcher Banalitäten in einen heftigen Streit mit meiner Freundin verwickelt. Die wunderbare Erfahrung war wie ausgelöscht. Was übrig blieb, waren Schuldgefühle und Frustration. Wo war der Ausweg? Würde ich so viele Jahre brauchen wie der Königssohn Gautama? Oder würde es am Ende bei mir noch mehrere Leben dauern, bis ich diesem Leiden entfliehen konnte? Ich litt enorm unter dieser Ausweglosigkeit, unter der Disharmonie und der Schuld in meinem Leben.

Auch wenn der friedvolle Anblick der Buddhastatuen mich immer wieder fesselte, brachte mich meine Ehrerbietung trotzdem nicht zur Ruhe. Ich kam der harmonischen Unerschütterlichkeit, die diese Statuen ausstrahlten, nicht näher, und sie kam nicht zu mir. Ich erfuhr höchstens Momente des abgehobenen Seins, der inneren Entfernung von allem, was Leben war.

Den Alltag mit seinen Anforderungen empfand ich mit der Zeit als immer bedrohlicher, denn in ihm wurde gnadenlos sichtbar, wie weit ich noch von meinem Ziel entfernt war. Darum wollte ich nur noch eines: flüchten. Sogar vor mir selbst, denn ich meinte, mir in meinem Streben nach Erleuchtung im Wege zu stehen.

Vergleiche ich eine Statue des in schweigende Meditation versenkten Buddha mit dem erschütternden Schmerzensbild des leidenden Menschen Jesus Christus am Kreuz – was für ein Unterschied zeigt sich mir dann!

In der ersten Zeit meines Glaubens wollte ich mich am liebsten gar nicht mit diesem Bild beschäftigen. Es war so konträr zu allem, was ich gelernt hatte und als erstrebenswert ansah.

In unserer Gemeinde in Krefeld wurde öfters über das Leiden und das Kreuz gepredigt. Ich konnte darin keine froh machende Botschaft erkennen. «Sicher sehen darum manche Gläubige auch gar nicht so froh aus», dachte ich bei mir. Zu meinem Erstaunen erzählten mir nach solchen Predigten einige Gemeindemitglieder, die uns inzwischen zu guten Freunden geworden waren, wie hilfreich sie diese Aussagen gefunden hätten.

Für sie bedeutete das Bild des leidenden Jesus Befreiung; Befreiung von ihrer eigenen Schuld und ihrem Versagen, denn sie gingen davon aus, dass Jesus dort am Kreuz all das für sie trug oder ertrug. So als hätte er gesagt: «Komm, ich weiß, dass du nicht perfekt bist. Du kannst die Kluft zwischen dir und Gott nicht überspringen. Ich trage dein Versagen und deine Schuld, damit du frei bist für die Beziehung mit Gott, dem Vater.»

Das war für mich ein seltsamer Gedanke: Jesus Christus, der große Meister, der uns in Australien entgegen kam und uns dort mit Frieden erfüllte, zeigt sich mir nicht etwa in einer herrlichen, erleuchteten Gestalt wie der Buddha, sondern in diesem jämmerlichen, leidvollen Zustand. Ich musste aber zugeben: Dieses Bild des Leidens kam mir irgendwie viel näher. Es entsprach meinem Zustand und dem dieser Welt. Auch der Buddha lehrte: Das Leben ist Leiden. Aber er war dem Leiden der Welt entflohen. Er hatte sich weit entfernt von dem Leiden der Menschen. Das hatte Jesus offensichtlich nicht getan.

So spürte ich mehr und mehr, dass das Bild des leidenden Menschen am Kreuz zu mir sprach. Ja, ich merkte, er war genau dieser Jesus, den wir in Australien kennen gelernt hatten. Er kam zu mir und nahm mich so an, wie ich war, mit all meiner Verzweiflung, meiner Frustration und meinem Leiden. Vom Kreuz her rief er mir zu: «Dieses Leiden habe ich für dich gelitten, für dein Streben, deine Flucht und deine Schuld.»

Diese erschütternde, aber gleichzeitig erstaunlich frohe Botschaft begriff ich erst zwei Jahre nach meiner «Erleuchtung», und zwar während einer Predigt. Bis dahin konnte und wollte ich nicht glauben und zulassen, dass Gott in Jesus Christus eine derartige Last für mich getragen und mir damit seine Liebe und seinen Wunsch nach Gemeinschaft gezeigt haben sollte.

Während jener Predigt aber begegnete mir Jesus ganz neu. Es war, als spräche er selbst zu mir. Ich erkannte die tiefe Liebe des Geschehens am Kreuz. Dort hatte er die Beziehung zu mir wieder hergestellt. Mein Elend und seine Liebe begegneten sich an diesem Ort. – Endlich, endlich kam ich zur Ruhe!

Bei Gott heißt es nicht: «Das Leben ist Leiden», sondern: «Gott selbst trägt mein Leiden und gibt mir Leben.» Mit dem schreienden

Bild des Leidens hat Gott eine Brücke zu mir gebaut. Ich begriff: Die Kluft ist überwunden! Tränen rannen mir über die Wangen. Ich ließ es geschehen und achtete nicht mehr auf die Menschen um mich her. Endlich hatte ich einen Platz gefunden, wo mein Versagen, meine Rebellion und meine Schuld abgelegt werden konnten.

Halbherziger Abschied von der Tara-Göttin

Zu einer konsequenten Loslösung vom Buddhismus gehörte nicht nur die Trennung von Lehrsätzen, sondern auch die Trennung von allen Gegenständen, die ich für bestimmte Praktiken und Rituale gebraucht hatte. Ich brachte es allerdings nicht übers Herz, sie einfach wegzuwerfen, sondern fuhr eines Tages in das buddhistische Zentrum in Holland, das Maitreya-Institut, um meine Statue der Tara-Gottheit dort abzugeben. Dort unterhielt ich mich mit dem Geshe, dem anwesenden tibetischen Schriftgelehrten, erzählte ihm jedoch nichts von meinem christlichen Glauben.

Ein wenig erleichtert setzte ich mich nach dem Gespräch ins Auto. Ich wollte so schnell wie möglich das Gelände verlassen und fuhr mit Schwung rückwärts aus der Parklücke. Mit einem lauten Krachen und einem hartem Aufprall wurde meine Eile – oder war es meine Flucht? – abrupt gebremst. Voller Wucht war ich rückwärts gegen einem Baumstumpf gefahren. Die enorme Delle am Auto bezeugte mein feiges Verhalten: Ich hatte die Wahrheit nicht bekannt. Und anstatt von meinem Glauben an Jesus Christus zu sprechen, hatte ich mich verhalten, als wollte ich ein gutes Werk tun. Ich schämte mich zutiefst, getraute mich aber trotzdem nicht zurückzugehen, um dem Geshe von meiner Begegnung mit Jesus und den damit verbundenen Konsequenzen zu erzählen.

Um ein klares Leben mit Jesus zu führen, war es auch notwendig, dass wir uns von allen unseren buddhistischen und esoterischen Büchern trennten. Das fiel uns nun allerdings gar nicht leicht, denn sie hatten uns unglaublich viel Geld gekostet. Ihr Inhalt hatte über etliche Jahre hinweg unser Leben bestimmt. Dennoch entschieden wir uns für den radikalen Schnitt, denn die Versuchung war groß, in unsicheren Situationen doch wieder danach zu greifen. Wie ein Alkoholabhängiger alle Flaschen aus seinem Haus entfernen muss, um frei zu bleiben, so hatten auch wir uns von unseren

Abhängigkeiten zu lösen, wenn auch zunächst durch äußere Handlungen.

Die Trennung von der «Materie Buch» alleine brachte uns jedoch noch keine Befreiung. Vielmehr war es die Substanz der Bücher selbst, die uns, ohne dass wir es bisher gewusst hatten, im Griff hielt.

Immer noch gab es Winkel in meinem Herzen, in denen ich glaubte, dass die Tibeter und die Esoteriker auf ihre Weise glücklich waren und vielleicht ebenfalls einen guten Weg gingen. Jeder sollte eben nach seiner Fasson selig werden.

Dabei übersah ich allerdings die Tatsache, dass ich selbst durch die buddhistischen und esoterischen Praktiken nicht selig geworden war. Ich vergaß ebenso die Tatsache, dass meine Begegnung mit Jesus nicht mein Verdienst gewesen war. Die «Seligkeit» war Elke und mir von Gottes Seite her geschenkt worden.

Die Christen in Byron Bay hatten nichts anderes getan, als uns die Botschaft zu sagen, die auch sie frei gemacht hatte. Stand nicht auch ich in der Pflicht, meinen Freunden, aber auch anderen Buddhisten diese Botschaft weiterzugeben? Bisher waren allerdings meine Versuche, von meinen Erfahrungen zu erzählen, bei ihnen nicht auf besonderes Verständnis gestoßen. Versuchte ich vielleicht mit dem Gedanken, sie wären möglicherweise auch auf einem guten Weg, mein Gewissen zu beruhigen, wenn es mir wieder in den Sinn kam, ihnen etwas von meiner «Erleuchtung» mitzuteilen?

Wirklichen Frieden bekam ich nicht bei all diesen Überlegungen und Rechtfertigungsgedanken. Fakt war hingegen, dass meine Bindung an die Gedanken des Buddhismus und des New Age stärker war, als ich wahrhaben wollte. Um das Bild des Baumstumpfes aufzunehmen, gegen den ich gefahren war: Der Baum dieser Lehren war zwar abgesägt, aber der Baumstumpf der alten Prägungen steckte noch in mir und wollte immer wieder neu sprossen. Er musste mühsam ausgegraben werden, und zwar mitsamt seinen Wurzeln.

Fast drei Jahre nach unserer Umkehr erlebten wir dann Befreiung. Eine Christin erkannte, wie unsichtbare Mächte noch immer versuchten, uns für sich zurückzugewinnen, indem sie uns Zweifel ins Ohr flüsterten oder uns zeigten, wie gut, vielleicht sogar besser, die Dinge auch ohne Jesus gewesen waren.

Die Frau schlug uns vor, uns von allem in Namen Jesu loszusagen, um diesen Mächten nicht weiterhin ein Anrecht auf uns zu geben. So verbrachten wir einige Tage mit ihr. Im Gebet und unter Gottes Führung wurden uns unsere früheren Praktiken noch einmal bewusst. Wir schrieben alles auf und legten es in Gedanken und im Gebet unter das Kreuz von Jesus. Dann baten wir ihn um Vergebung und um Befreiung von der inneren Gebundenheit.

Es war uns ein Trost zu wissen: Jesus nimmt uns ohne Vorbehalt an. Zwar spürten wir zunächst keine besonders starke Veränderung oder Erleichterung. Wir erkannten aber im Laufe der Zeit, dass unsere Freude über Jesus und unser Glaube an ihn tatsächlich wuchsen. Oft waren wir noch wie kleine Kinder: Nach jeder guten Tat verlangten wir ein Bonbon.

So viele andere Stimmen ...

Eine jener Wurzeln am Baumstumpf meiner Prägungen, die ausgegraben werden mussten, war die Art und Weise, wie ich für mein Leben Führung erwartete. Nach wie vor fand ich es schwierig, die Stimme von Jesus deutlich zu vernehmen. Es meldeten sich so viele andere Stimmen, die oft lauter zu reden schienen. In meiner Sorge, ich könne auf die falsche Stimme reagieren, erkannte ich nicht mehr, wie Jesus schon längst dabei war, mich zu führen, zum Beispiel indem er mich mit Menschen zusammenbrachte, die ihn bereits lange kannten und von denen ich lernen konnte.

Mir fehlte ganz einfach, dass ich Jesus nicht wie früher den Dalai Lama oder meine anderen buddhistischen Lehrer in menschlicher Gestalt physisch sehen konnte. Der Dalai Lama gab in seinen öffentlichen Lehrstunden klare Anweisungen, was man tun oder lassen sollte. Ich zweifelte daran, dass Jesus mich ebenso führen konnte, wie der Dalai Lama es getan hatte. Wenn ich auch nicht mehr auf die Lehren des Buddhismus hören wollte – weil ich wusste, dass sie mich nicht zu Gott führten –, so hing ich doch unbewusst noch an der Person des Dalai Lama und an seiner Art zu leiten. Die Tiefe dieser Bindung erkannte ich erst, nachdem ich schon sieben Jahre Christ war und der Dalai Lama einen Besuch in Norddeutschland machte, um Lehrveranstaltungen abzuhalten.

Etwa zehntausend Menschen nahmen an diesen Veranstaltungen in Schneverdingen in der Lüneburger Heide teil. Gleichzeitig wollten ganz in der Nähe engagierte Christen zu Informationsabenden einladen. Ich wurde gefragt, ob ich an diesen Abenden erzählen könnte, wie ich vom Buddhismus zum christlichen Glauben gekommen war.

Spontan kam in mir ein absolutes Ja auf. Als ich jedoch nach dem Termin fragte, stellte sich heraus, dass wir gerade in dieser Zeit unseren Urlaub geplant hatten. Ich verlangte von Jesus, mir klar zu sagen, ob ich dennoch hinfahren sollte. Der Zwiespalt zwischen dem spontanen Ja und dem Urlaubstermin blieb. Sollte dies bedeuten, dass ich die Wahl hatte? Oder war das innere Ja bereits die Stimme von Jesus gewesen?

Ich kämpfte innerlich mit mir und suchte das Gespräch mit christlichen Freunden. Sie rieten mir, den wohl verdienten Urlaub anzutreten. Am Ende siegte die Vernunft. Ein paar Tage später fuhren Elke und ich nach Südfrankreich.

Doch noch bevor wir am Ziel ankamen, hatten wir stark den Eindruck, in der falschen Richtung unterwegs zu sein. Wir hofften, nach unserer Ankunft würden diese Gedanken verschwinden und wir könnten unseren Urlaub genießen. Doch der Unfriede in meinem und auch in Elkes Herzen nahm stetig zu.

Zu guter Letzt buchte ich einen Flug nach Deutschland und meldete mich, zur Freude des Organisators, einen Tag vor Beginn der Veranstaltung zur Teilnahme an. Während der drei öffentlichen Informationsabende kehrte ein so überwältigender Friede bei mir ein, dass ich Jesus auf den Knien dankte und ihn um Vergebung dafür bat, mich seiner Führung nicht anvertraut zu haben. Erst jetzt merkte ich, dass das spontane, volle Ja damals *seine* Stimme gewesen war.

Er hatte zwar gewollt, dass ich nach Schneverdingen fuhr, mich aber keinen Moment unter Druck gesetzt. Und gleichzeitig half er mir durch die innere Unruhe, mich zu entscheiden. Er wartete, bis ich mich freiwillig bereit erklärte zu gehen, und dann stellte er sich zu mir. Selbst wenn ich nicht gegangen wäre: Er hätte mir vergeben! Den Segen, den ich erfuhr, nachdem ich seiner Stimme gehorsam folgte, hätte ich jedoch verpasst. Heute weiß ich, wie großartig, sensibel und treu Jesu Führung war und ist.

Diese lähmende Angst vor Fehlern und vor Strafe

Meine buddhistischen Begleiter hatte ich zwar sehen und persönlich aufsuchen können, aber das Wesen ihrer Führung war im Tiefsten anders gewesen. Der Ton, in welchem sie mir damals durch das Medium Iris ihre Nachrichten vermittelten, war immer positiv gewesen. Aber manchmal wurde mir von ihnen ganz klar vorgehalten, ich hätte bestimmte Dinge einzuhalten, ansonsten müsste ich auf ihre Begleitung verzichten. Und davor hatte ich große Angst. Also versuchte ich die Anweisungen immer genau zu befolgen. In meiner Angst lag also die Wurzel meines eifrigen Befolgens der Anweisungen meiner Gurus. Ich fürchtete, ich könne den Weg zur Erleuchtung wieder verpassen, so wie ich ihn offensichtlich, bedingt durch negatives Karma, in meinen vorherigen Leben auch verpasst hatte. Denn sonst wäre ich ja bereits erleuchtet gewesen und hätte es nicht mehr nötig gehabt, ein Mensch zu sein.

Im Buddhismus wird auf die genaue Befolgung der Lehranweisungen großer Wert gelegt. So hatte mir mein erster buddhistischer Lehrer, Lama Zopa, klar gemacht, dass jede Handlung und jede Körperhaltung Konsequenzen hätten für das Erreichen oder Nichterreichen der Erleuchtung. Wenn wir zum Beispiel beim Niederbeugen zu lange auf dem Boden liegen blieben, dann würde das zur Folge haben, dass wir auch im Staub des Leidens bleiben würden. Wenn wir unsere Finger beim Beten krümmten, könnten wir im nächsten Leben ein Vogel oder ein Tier mit gekrümmten Krallen werden.

So mussten die verschiedenen Übungen und Zeremonien exakt nach Vorschrift ausgeführt werden, sonst würden sie statt positivem zwingend negatives Karma schaffen. Aus diesen Gründen lassen buddhistische Gläubige auch bestimmte Opfergaben lieber durch die Mönche verrichten – denn diese kennen die genauen Vorschriften.

Wegen all dieser Zusammenhänge schlummerte in mir eine lähmende Angst, ich könne etwas Falsches tun. Lieber tat ich gar nichts, als irgendwelche Fehler zu begehen.

Die Angst, Fehler zu machen, übertrug ich unbewusst auf mein Leben als Christ. Sie war dann besonders stark, wenn ich vermutete, der Stimme Jesu im betreffenden Moment gerade nicht zu gehorchen. Ich meinte, er würde mich dann ebenso verlassen, wie es mir meine Lehrmeister manchmal angedroht hatten. Wenn ich nicht genaue Anweisungen bekam, verharrte ich folglich, wie ich es als Buddhist gewöhnt war, lieber im Nichtstun und wartete ab.

Durch manche Predigt, durch das Lesen in der Bibel und Gespräche mit anderen Gläubigen wurde mein falsches Denken zurechtgerückt. Ich erkannte dann mein enges menschliches Denken und staunte wieder aufs Neue über die befreienden Gedanken und die Liebe Gottes. Das erfüllte mich mit einer tiefen Freude. Und dann war ich auch umso dankbarer, dass meine «Erleuchtung» nicht von mir und meinen Taten abhängt, wie ich es als Buddhist gelernt hatte, sondern ein Geschenk Gottes ist. Er hat mir dieses Geschenk durch den Tod und die Auferstehung von Jesus Christus gegeben. Nicht *meine* Tat zählt, sondern *seine*. Er fordert mich nur dazu auf, dies zu glauben und es für mich anzunehmen, um es dann weiterzusagen.

Epilog

«Hier bin ich, hier bin ich!»

Etwa fünfzig junge Leute hörten uns aufmerksam zu. An einem Samstagabend erzählten wir ihnen von unseren Erfahrungen. «Es ist nicht *unsere* Geschichte», erklärte ich, «sondern es ist die Geschichte Gottes, die davon handelt, wie er in das Leben zweier Menschen unserer Zeit hineingewirkt hat.»

Wir hatten schon einen anstrengenden Tag hinter uns. Das Organisationsteam hatte uns gebeten, ein Wochenende zu leiten, das den Unterschied zwischen buddhistisch-esoterischem Gedankengut und dem christlichen Glauben zum Thema hatte. Es war harte Arbeit gewesen, als wir die beiden Wege am Vormittag vor den Teilnehmern einander gegenübergestellt hatten. Elke und ich kannten beide Wege von innen her und konnten deshalb die eklatanten Unterschiede zwischen den grundlegenden Gedanken klar herausarbeiten.

Dabei wurden uns auch kritische Fragen gestellt. Offenbar hatten sogar Menschen, die sich Christen nannten, den Unterschied zwischen den beiden Richtungen gar nicht als solchen erkannt und bedienten sich deshalb gedankenlos esoterischer Heilmittel oder praktizierten östliche Meditationstechniken. Unsere Aussagen forderten sie heraus, darüber nachzudenken, ob man eine hilfreich scheinende Methode wirklich aus einem völlig anderen Glaubens- und Denksystem herausgreifen konnte, um sie in neuem Zusammenhang zu eigenem Nutzen zu verwenden. Es war ein Ringen gewesen, miteinander herauszufinden, was hier die Wahrheit ist.

Elke und ich waren müde von dem anstrengenden Tag. Wir hatten unsere Geschichte schon bei etlichen öffentlichen Veranstaltungen erzählt und kannten die verschiedenen Stationen unserer Reise und unseres Referats in- und auswendig. Aber nachdem ich zuvor betont hatte, dies sei *Gottes* Geschichte, wurde ich auf einmal selbst zum Hörer und nahm alles mit ganz neuen Ohren in mich auf.

Ich ermutigte Elke, von dem Teil der Erlebnisse zu berichten, den *ich* sonst immer gerne erzählte. Ich merkte, wie sehr wir in dieser Geschichte Gottes zu einer Einheit geworden waren. Ich verspürte ein inniges Band zu ihr, zu Elke, meiner Frau, und das Gefühl der Liebe war nur ein Teil dieses umfassenden Bandes.

Ungeachtet der Tatsache, dass die Teilnehmer während der Vorträge des Tages öfters einmal müde und unkonzentriert gewirkt hatten, hörten sie jetzt plötzlich mit großer Aufmerksamkeit zu.

Jeder Satz war tief und aussagestark. Die existentielle Bedeutung unserer Begegnung mit Gott kam derart klar zum Ausdruck, dass die ganze Gruppe immer wieder über unsere früheren sinnlosen Anstrengungen lachen musste. Ja, es war eine ziellose Suche gewesen, so überaus menschlich: Wir wollten Anerkennung und spirituelle Einheit, wir wollten Liebe und Heimat und all das, was eben jeder sucht. Aber mitten in diese Suche hinein kam das Wirken von unerwarteter Seite. Scheinbar unauffällig machte es sich bemerkbar. Es führte uns auf zunächst unerkannte Weise und zeigte sich dann mit seiner ganzen Kraft und Liebe in seiner personalen Existenz. Jesus Christus! Gott selbst!

Erst im Nachhinein erkannten wir: Es war *sein* Wirken, das in unserem Leben seine Spuren hinterlassen hatte. Ganz neu ergriff mich diese Geschichte, und ganz neu wurde mir dadurch Gottes Wesen offenbar.

Wir standen nicht mehr im Mittelpunkt. Atemlos hörten die jungen Menschen zu. Nicht unseretwegen, sondern weil sie bewegt waren von dieser so ganz anderen Perspektive. Ich öffnete meine Bibel und las einen Vers aus dem Propheten Jesaja vor. Da spricht Gott: «Ich war zu erfragen für die, die nicht nach mir fragten; ich war zu finden für die, die mich nicht suchten. Ich sprach: Hier bin ich, hier bin ich!»

Nachwort

Gegen alle Erwartungen

Neun Jahre sind nun seit unserer Begegnung mit Jesus Christus vergangen. Entgegen den Erwartungen unserer Eltern und vieler Freunde – die alle der Meinung waren, unser Glaube wäre nichts als eine weitere spirituelle Modewelle und, wie alle bisherigen Zwischenstationen auch, bestimmt nur von kurzer Dauer – hat sich unsere Beziehung zu Jesus Christus vertieft. Inzwischen staunen sie über das, was Gott im Leben von Elke und mir getan hat. Und im Rückblick staunen auch wir selbst über die Veränderungen in unserem Leben und in unserem Umfeld.

Bei Elkes Schwester und ihrem Mann ist es nicht beim Staunen geblieben. Auch sie bekennen sich seit ein paar Jahren zu Jesus und haben erlebt, wie er heilend und liebevoll in ihr Leben eingriff. Dies erfuhr auch Elkes Mutter und natürlich ihre Tochter Stefanie. Meine Eltern interessieren sich seit einiger Zeit ebenfalls für Jesus. Sie lesen Bücher über ihn und schauen ab und zu auch in die Bibel.

Nachdem Elke schon ein paar Jahre mit Jesus gelebt hatte, wurde ihr das Ausmaß ihres Verhaltens während ihrer ersten Ehe so richtig bewusst. Sie bat ihren früheren Mann um Vergebung und dankte ihm für die vielen Dinge, die er trotz ihres Alleingangs immer wieder für sie getan hatte.

Ebenso bat sie, gemeinsam mit mir, auch ihren Sohn Björn um Vergebung, der die ganze Entwicklung noch bewusster als Stefanie mitbekommen hatte. Björn war jedoch der Meinung, dass er letztlich nur *dadurch* Gott kennen lernen konnte ...

Von Anfang an verspürten wir, dass wir unsere Berufe als alternative Psychotherapeuten nicht mehr so ausüben konnten, wie wir das früher getan hatten. Die Befreiung, die mit diesen Methoden erarbeitet wird, kam uns im Vergleich mit der Befreiung, die wir durch Gott erfahren hatten, furchtbar gering vor. Aus diesem Grunde besuchten wir zunächst einmal für ein Jahr eine Bibelschule. Anschließend übernahmen wir die Vertretung für die Leitung eines kleinen Waisenheims in Tansania. Als wir nach Deutschland zurückgekehrt waren, fragte uns unsere Gemeinde in Krefeld, ob wir dort vollzeitlich mitarbeiten wollten.

In dieser für uns völlig neuen Art von Arbeit hatten wir die Gelegenheit, mit vielen Menschen über unseren Glauben an Jesus Christus zu sprechen. Wir leiteten Bibelkreise, veranstalteten besondere Gottesdienste, unterhielten uns mit Not leidenden Menschen und bauten mit anderen Gliedern dieser Kirche ein kleines christliches Café auf.

Nach drei Jahren Mitarbeit verspürten wir den Wunsch, die Grundlagen für unsere Tätigkeit zu vertiefen und uns eine größere theologische Basis zu erarbeiten. Darum studierten wir zweieinhalb Jahre an einer freien theologischen Hochschule. Während dieser Zeit wurden wir immer häufiger gebeten, unsere Lebensgeschichte zu erzählen. Es blieb nicht allein dabei, sondern wir begannen, regelmäßig Seminare zum Thema «Buddhismus und New Age» anzubieten.

Inzwischen sind wir als Pastorenehepaar in einer evangelischen Freikirche in Hessen angestellt. So hat sich nicht nur unser Glaubensleben, sondern auch unsere berufliche Ausrichtung radikal verändert.